Bauwelt Fundamente 116

Herausgegeben von
Ulrich Conrads und Peter Neitzke

Beirat:
Gerd Albers
Hansmartin Bruckmann
Lucius Burckhardt
Gerhard Fehl
Thomas Sieverts

Für Iris und Peter

Christian Kühn

Stilverzicht

**Typologie und CAAD
als Werkzeuge
einer autonomen
Architektur**

Erste Umschlagseite: Grundrisse parametrisierter Haustypen mit Rasterlinien, C. Kühn, 1991
Vierte Umschlagseite: Ausschnitt aus dem Frontispiz zu Laugiers *Essay sur l'Architecture* von 1755, digitale Bearbeitung: C. Kühn, 1997

Herausgegeben mit Unterstützung des Bundes Deutscher Architekten BDA

Alle Rechte vorbehalten
© Friedr. Vieweg & Sohn Verlagsgesellschaft GmbH, Braunschweig/Wiesbaden, 1998
Der Verlag Vieweg ist ein Unternehmen der Bertelsmann Fachinformation GmbH.

Das Werk einschließlich aller seiner Teile ist urheberrechtlich geschützt. Jede Verwertung außerhalb der engen Grenzen des Urheberrechtsgesetzes ist ohne Zustimmung des Verlages unzulässig und strafbar. Das gilt insbesondere für Vervielfältigungen, Übersetzungen, Mikroverfilmungen und die Einspeicherung und Verarbeitung in elektronischen Systemen.

http://www.vieweg.de
Gedruckt auf säurefreiem Papier

Umschlagsentwurf: Helmut Lortz
Satz: ITS Text und Satz GmbH, Herford
Druck und Buchbinder: Lengericher Handelsdruckerei, Lengerich
Printed in Germany

ISBN 3-528-06116-2   ISSN 0522-5094

Inhalt

1 Einleitung.................................... 7

2 Die Ursprünge des Typusbegriffs
   und seine Transformation
   an der Wende vom 18. zum 19. Jahrhundert............. 11

   Imitation und Norm................................. 13
   Caractère, Genre, Style............................. 17
   Typ und Ideal....................................... 20
   Die Kunst, weniger zu sehen –
   J.N.L.Durands typologische Methode.................. 27
   Quatremère de Quincys Definition des Typs........... 38
   Zusammenfassung..................................... 43

3 Typ und Stil.. 45

4 Der industrielle Prototyp:
   Form, Funktion und Perfektion....................... 53

   Architektur und Handwerk............................ 55
   Architektur und Wissenschaft........................ 60
   Handwerk, Wissenschaft und Typologie................ 62

5 Typologie und Planungsmethodik...................... 67

   Die Wiederaufnahme der Typologiediskussion.......... 69
   Die Wissenschaften vom Künstlichen.................. 79
   Planung als Dekompositionsproblem................. 80
   Planung als Suchproblem........................... 87

6 Typologie und Wissensrepräsentation 93
　　Patterns 94
　　Formengrammatiken 98
　　Prototypen 102

7 Die entfesselte Maschine 111

8 Werkzeuge, Methoden und Theorien 117

Dank 123

Anmerkungen 125

Bibliographie 145

Bildquellen 154

1 Einleitung

Die Sehnsucht nach allgemeingültigen, der individuellen Willkür entzogenen Gestaltungsprinzipien tritt seit den Zeiten der Aufklärung in unterschiedlichen Formen in der Architekturtheorie auf. Einer der wesentlichen begrifflichen Bezugspunkte ist dabei der ‚architektonische Typus', in dem sich neuplatonische Vorstellungen mit den gegen Ende des 18. Jahrhunderts gerade entstehenden naturwissenschaftlichen Methoden vermischen. Die Bedeutung des Typusbegriffs entwickelt sich in einem vielfältig verschlungenen Diskurs, der seine Wurzeln bereits im 17. Jahrhundert hat und von Laugier über Durand und Quatremère de Quincy, über Semper und Riegl, Van de Velde und Gropius bis zur Typologiediskussion der sechziger Jahre und zu deren aktuellen Ausläufern verfolgt werden kann. Typologie als Methode der Darstellung und Benutzung architektonischer Typen wird dabei höchst unterschiedlich definiert: als kreative Form der Nachahmung bei Quatremère de Quincy; als eine Methode der industriellen Fertigung bei Walter Gropius und Hannes Meyer; als Philosophie der Architektur bei Aldo Rossi. Eine genauere Betrachtung dieser Ansätze führt in ein Labyrinth von einander überlagernden Bedeutungen und Interpretationen: zu Recht bezeichnet Adolf Max Vogt Typologie einmal als „eine komplexe, von Spannungen durchzogene Methodenfrage, an der sich schon viele, auch große Geister, die Zähne ausgebissen haben" (Vogt 1980, p 77).
Als Anfang der sechziger Jahre die ersten Konzepte zur Computeranwendung in der Architektur entwickelt wurden, war es deren erklärtes Ziel, alle ‚Kochbuchmethoden' und damit auch alle Typologien durch rationalere Verfahren abzulösen. Dennoch glichen die Argumente jenen, die Laugier fast zweihundert Jahre zuvor – damals gegen die ‚Launen' der Architekten des Rokoko – vorgebracht hatte: „Der moderne Gestalter verläßt sich mehr und mehr auf seine Rolle als ‚Künstler', auf Schlagworte, persönliche Sprache und Intuition – weil all das ihn von der Bürde der rationalen Entscheidung befreit und seine kognitiven Probleme handhabbar macht", schrieb Christopher Alexander 1964 in seinen *Notes on the Synthesis of Form* (Alexander 1964 (1971), p 10). Laugier hatte sich für sein Argument auf eine arche-

1 typische Urhütte bezogen, aus der er alle wesentlichen Prinzipien der Architektur ableitete, also die Art, wie Säulen, Gebälk und Dach als primäre Elemente zusammengefügt werden müßten. Die Theoretiker der sechziger Jahre glaubten ihre kognitiven Probleme natürlich nicht mehr auf eine so simple, ‚unwissenschaftliche' Weise lösen zu können: Unter dem Einfluß von Kybernetik und Operations Research betrachteten sie Architektur als berechenbares Ergebnis von Umweltreizen und Planung als einen rational vollkommen beherrschbaren, in einem Zyklus von Analyse, Synthese und Evaluation ablaufenden Vorgang. Daß Planer sich nach wie vor auf Intuition statt auf rationale Planungsmethoden verlassen, liege darin begründet, daß die rationale Verarbeitung der enormen Anzahl von Eingangsparametern, die bei jedem Planungsprozeß anfallen, vom Menschen nicht geleistet werden könne. Genau das aber sei für den Computer seiner enormen Rechenleistung wegen kein Problem.

Mit dieser Überlegung war jenes Forschungsthema festgelegt, das die Theorie des CAD und des CAAD[1] in den sechziger Jahren prägte. Herbert Simon stellte die Forderung nach einer *Science of Design* als Teilgebiet der umfassenderen *Sciences of the Artificial* auf; Nicholas Negroponte arbeitete an *Soft Architecture Machines* (Negroponte 1975), die eigene Planungsmethoden entwickeln sollten, von denen er prognostizierte, sie würden den menschlichen überlegen sein. Wenn derartige Überlegungen von der Mehrheit der Architekten auch eher als ‚science fiction' betrachtet wurden, so herrschte doch die verbreitete Überzeugung, daß der individualistische Künstler-Architekt durch computerunterstützte anonyme Entwurfsteams abgelöst werden sollte – wobei ‚anonym' durchaus positiv, beinahe im Sinne der ‚anonymen Architektur' verstanden wurde.

Die Situation hat sich seither sowohl in der Architektur als auch in der Theorie des CAAD grundlegend gewandelt. Schon in den sechziger Jahren hatten Kritiker vor einer „Doktrin des biotechnischen Determinismus" gewarnt (Colquhoun (1967)1985, p 50), der die Architektur von einem komplexen kulturellen Phänomen auf ein quasi-biologisches Reiz-Reaktions-Muster reduziere. Auf der Seite der Theorie des CAAD selbst gaben vor allem zwei Erkenntnisse Anlaß zur Änderung der Forschungsinteressen: Einerseits stellte sich heraus, daß Computer rasch an die Grenzen auch der theoretisch denkbaren Rechenleistung stoßen, wenn man sie komplexe Planungsaufgaben nach einigen wenigen Regeln lösen lassen möchte, andererseits wurde immer deutlicher, welche entscheidende Rolle das Phänomen der Erinnerung bei allen kognitiven Prozessen und damit auch beim menschlichen Problemlösen spielt. Christopher Alexander hat aus diesen beiden Erkenntnissen die radikalsten Konsequenzen gezogen: In seiner *Pattern Language* versuchte er, kollektive Erinnerungsmuster zur Grundlage der Gestaltung zu machen und verzichtete dabei völlig auf computergestützte Verfahren. In der Theorie des CAAD verlagerte sich spätestens Mitte der achtziger Jahre das Interesse hin zur Frage der Darstellung von *fachspezifischem* Wissen im Gegensatz zu jenem Wissen über generelle Planungsstrategien, auf das man sich in den sechziger Jahren konzentriert hatte (Schmitt 1989). Im Rahmen von Forschungen über *Case Based Planning* und *Design Protypes* wurde dabei versucht, die Darstellung und die Manipulation von Vorbildern mit Hilfe des Computers zu simulieren.[2]

In die Praxis des CAAD haben diese Ansätze bisher keinen Eingang gefunden. Der Computer ist von der Mehrheit der Architekten als selbstverständliches Werkzeug akzeptiert worden, das sich anscheinend problemlos und ohne Seiteneffekte in ihre Arbeit integrieren ließ. Dieser Schein ist jedoch trügerisch. Der Computer stellt die Architektur als individuelle künstlerische Leistung gleich in mehrfacher Hinsicht in Frage.

Einerseits wird die Möglichkeit zur Kopie auf ein neues Niveau gehoben: Vernetzte Archive versprechen dem Architekten die totale Verfügbarkeit über vorgefertigte Lösungen, die nicht mehr im konventionellen Sinn kopiert werden müssen, weil es ja auch kein Original mehr gibt. Woran mißt sich aber der Wert eines architektonischen Gedankens, wenn zu jedem Problem tausendfach ähnliche Lösungen verfügbar sind? Bewegen sich Kopie und Rekombination noch im Rahmen dessen, was wir als Entwurf zu bezeichnen gewohnt sind?

Andererseits bietet der Computer die Möglichkeit zur algorithmischen Generierung von Architektur, die eine Autorschaft des Architekten zweifelhaft macht. Ist die Auswahl aus einem Set von Formen, die mit Hilfe einer *shape grammar*[3] erzeugt wurden, noch ein Akt des Entwurfs? Muß der Architekt den Algorithmus verstehen, der zur Erzeugung der Form geführt hat, und wer trägt schließlich die Verantwortung für das Produkt?

In der Geschichte der Architekturtypologie und der Künste insgesamt sind diese Fragen immer wieder angesprochen worden: Das Problem von Original und Wiederholung ist ja eines ihrer Kernprobleme, und spätestens seit Durand ist auch das generative geometrische Regelwerk als typologische Methode etabliert.[4] Schon allein deswegen erscheint es sinnvoll, die aktuellen Probleme des CAAD im Kontext des typologischen Diskurses zu untersuchen, wie er sich seit dem 18. Jahrhundert entwickelt hat. Aber die Verbindung der beiden Bereiche Typologie und CAAD geht tiefer: das In-Frage-Stellen der Fundamente der Architektur ist jedenfalls kein Problem, das erst durch die digitale

Revolution entstanden wäre. Schon Ende des 17. Jahrhunderts ist der Versuch gescheitert, Architektur auf eine ‚objektive' rationale Basis zu stellen. Architekturtypologie kann als eine Reaktion auf dieses Scheitern verstanden werden, als Versuch, angesichts der drohenden Beliebigkeit und Willkür des ‚guten Geschmacks' die Architektur als autonome Disziplin zu erhalten[5]. Auch heute sind Austauschbarkeit und Beliebigkeit architektonischer Lösungen zynische Realität, und Architektur ist auf dem besten Weg, zu einem Stück Infrastruktur unter vielen zu werden. Wenn man diesen Zustand nicht als völlig neu, sondern als eine durch die digitale Revolution nur radikalisierte, aber schon lange schwelende Legitimationskrise der Architektur betrachtet, stellt sich erneut die Frage nach der Typologie.

2 Die Ursprünge des Typusbegriffs und seine Transformation an der Wende vom 18. zum 19. Jahrhundert

Das Wort Typ leitet sich her vom griechischen ‚typos', das im Kontext der Bildhauerei bestimmte Reliefformen und im Münzwesen den Prägestock bezeichnete. In der Neuzeit wurde der Begriff in diesem Sinne als ‚Drucktype' für den Buchdruck übernommen. Im Vorgang des Druckens sind einige Aspekte zu beobachten, die das Wort für seine spätere Verwendung in der Architekturtheorie prädestinieren: Aus *einem* Druckstock werden *viele* Exemplare hergestellt. Diese sind in ihrer Form nicht identisch mit dem Druckstock, sondern entstehen durch eine Formübertragung. Sie müssen sich nicht vollkommen gleichen, da der Druckstock in verschiedenen Kontexten (unterschiedliche Papiere und Druckfarben) gebraucht werden kann. Das Wort ‚Typ' bezeichnet also im übertragenen Sinn die Beziehung zwischen den Exemplaren einer Sammlung: Die Exemplare gleichen einander in bezug auf einen Typ.

Seinen besonderen Stellenwert in der Kunst- und Architekturtheorie erhält der Begriff aber erst durch seine semantische Verbindung mit dem Begriff des ‚Ideals' im Sinne einer platonischen Idee (‚eidos'). In der platonischen Vorstellung sind die Objekte unserer Wahrnehmung als absolute Ideen außerhalb der realen Welt vorgebildet. Was wir normalerweise wahrnehmen, sind nur ‚Schatten'; erst die Anschauung der absoluten Ideen selbst könne zu wahrer Erkenntnis führen. Ziel der Philosophie ist es, diese Anschauung zu erreichen. In Platons System hat die Kunst noch einen geringen Stellenwert: sie bringt nur ‚Schatten von Schatten' hervor, weil sie nicht nachahmt, was wirklich nachahmenswert wäre, nämlich die Ideen, sondern nur deren körperliche Manifestation. Erst bei Aristoteles wandelt sich diese Einschätzung: der Künstler könne Dinge schaffen, die den Ideen näher sind als der Realität. Auf seinem eigenen Weg gelangt der Künstler zu einem ähnlichen Grad der Erkenntnis wie der Philosoph.

Daß der Typusbegriff in die Architekturtheorie erst relativ spät Eingang gefunden hat, scheint daran zu liegen, daß er bereits in der mittelalterlichen Scholastik benutzt (und damit besetzt) wurde.[6] In der typologischen Bibeldeutung werden Ereignisse und Figuren des alten Testaments als Vorprägungen für das neue Testament interpretiert.[7] Der Begriff ‚Typologie' ist damit mit dem scholastischen Versuch verbunden, die Vergangenheit durch „hemmungsloses allegorisches Hineininterpretieren" (Hauser 1982, p 132) in einen Bezug zur Gegenwart zu bringen.
Mit Beginn der Neuzeit ist dieses Verfahren obsolet geworden. Eine Kunsttheorie, die sich von der mittelalterlichen genauso deutlich abgrenzen möchte wie die protestantische Bibelauslegung von der Scholastik, kann das Wort Typ daher nicht in ihr Begriffssystem übernehmen. Der individuelle, selbst schöpferische Künstler tritt an die Stelle des mittelalterlichen Künstlers, der sich in erster Linie als Werkzeug Gottes verstanden hatte: „So wie die protestantische Hermeneutik-Theorie das Subjekt als Instanz behauptet, vor dem sich Sinn und Wahrheit der Schrift auszuweisen hätten, so versteht sich die Kunst der Renaissance gegenüber dem blinden Reproduzieren und Zitieren von Vorbildern in der mittelalterlichen Kunstpraxis als Resultat eines quasi-göttlichen Schöpfungsaktes" (p 135).
Die Architekturtheorie der Frührenaissance kann das Problem von Vorbild und Nachahmung daher wieder entsprechend pragmatisch behandeln. Baukunst erfüllt sich nicht länger in der Abbildung eines himmlischen Jerusalem, sondern in der individuellen baukünstlerischen Produktion. Die antiken Vorbilder dienen dabei als Maßstab, der durchaus übertroffen werden kann: Albertis erklärtes Ziel ist es, durch „neue, bessere Entwürfe gleiches oder womöglich noch besseres Lob zu ernten" als die Alten (Kruft 1985, p 49). Als humanistisch gebildeter Theoretiker konnte er sich dabei auf antike Schriftsteller wie Quintilian berufen, der in bezug auf die Dichtkunst bemerkt, daß „es ja keinen Zweifel geben [kann], daß ein großer Teil der Kunst auf Nachahmung [imitatio] beruht. Aber schimpflich ist es geradezu, nur das zu erreichen, was man nachmacht. Denn noch einmal: Was wäre geschehen, wenn nie jemand mehr zustande gebracht hätte, als sein Vorgänger?" (zit. nach (Ueding 1993, p 46))
Die Idee, aus der Analyse antiker Vorbilder präzise formale Regeln für Ordnungen und Elemente aufzustellen, wäre Alberti absurd erschienen; zu sehr weichen die verschiedenen antiken Beispiele, die er untersucht hat, voneinander und auch von jenen Regeln ab, die sich in Vitruvs Lehrbuch finden. Wenn Architektur für Alberti Vollkommenheit erreichen kann, dann nicht durch vollkommene Nachahmung antiker Vorbilder oder durch irgend eine

an die speziellen Bedingungen der Architektur angepaßte Form der Mimesis[8], sondern durch Übereinstimmung mit Prinzipien wie Proportion, Maß, Zahl, aber auch mit dem Prinzip der Abwechslung, auf das unter anderem die Säulenordnungen zurückzuführen seien (Kruft 1985, p 51). Diese Prinzipien sind für Alberti nicht einfach aus den Erscheinungen der Natur abgeleitet; es sind absolute Prinzipien, die – so wie die musikalischen Harmonien – im ästhetischen Vermögen des Menschen begründet liegen. Für den Bereich der Architektur führt Alberti den Begriff der ‚concinnitas' als Äquivalent zur musikalischen Harmonie ein. Schönheit zeige sich als „bestimmte gesetzmäßige Übereinstimmung aller Teile, die darin besteht, daß man weder etwas hinzufügen noch hinwegnehmen oder verändern könnte, ohne sie weniger gefällig zu machen". (vgl. von Naredi-Rainer, 1994, p 22 f) Die Qualität der ‚concinnitas' ist nach dieser Definition darauf gegründet, daß eine Sache in sich selbst stimmig ist.

Imitation und Norm

Zu einem zentralen theoretischen Problem wird die Frage der Nachahmung der Antike in der französischen Architekturtheorie des 17. Jahrhunderts mit der Gründung der Architekturakademie. Die Aufgabe der von Colbert 1671 begründeten Akademie ist die Erarbeitung von Resolutionen, die in einer normativen Architekturästhetik aufgehen sollen (Kruft 1985, p 145). Aufbauend auf Descartes' rationalistischer Philosophie soll die Vernunft dabei die methodische Grundlage bilden. Im Frontispiz zu seinem Architekturtraktat hat Abraham Bosse die Leitbegriffe dieses Unternehmens bereits 1664 allegorisch zueinander in Beziehung gesetzt: Flankiert von Theorie und Praxis thront im Zentrum des Bildes über allem die Vernunft, zu der direkt nur die Treppe der Nützlichkeit führt. Die beiden anderen vitruvianischen Kategorien, Schönheit und Festigkeit, bleiben verdeckt im Hintergrund. Das Fernrohr am Auge der Schönheit bezeichnet diese als rein optische Kategorie. Die Suche nach einer normativen Ästhetik wird in der Akademie von einem unbedingten Glauben an die Autorität der Antike bestimmt. Aus ihr sollen rational gültige Normen abgeleitet werden. Allerdings gehört auch die Entwicklung einer neuen ‚französischen' Säulenordnung – also eine kreative Fortführung der antiken Tradition – zu den Aufgaben, die Colbert an die Akademie stellt.
Der Versuch, aus antiken Vorbildern ästhetische Normen zu gewinnen, führte zur ‚Querelle des anciens et des modernes'[9], zum Streit zwischen den Alten

1 Marc-Antoine Laugier, Essai sur l'Architecture, Frontispiz der Ausgabe von 1755

2 Abraham Bosse, Traité des manières de dessiner les ordres de l'architecture (1664), Frontispiz

und den Modernen, der nicht nur die Architektur, sondern die Künste generell betraf. Die Position der Alten manifestiert sich in François Blondels (1617–1686) zwischen 1675 und 1683 als *Cours d'architecture* veröffentlichten Vorlesungen an der Akademie. Blondel stützt sich in seiner Argumentation auf die bestehende Literatur in der Stufenfolge der Autorität, wie sie von der Akademie festgesetzt wurde.[10] Proportionen faßt er wie Alberti als Naturgesetze auf, denen die Gestalt eines Gebäudes ebenso unterworfen sei wie der menschliche Körper und die Musik. An der Brauchbarkeit von Proportionen zweifeln auch die Modernen nicht; der Streit muß sich aber daran entzünden, ob sie als rationale Grundlage einer normativen Ästhetik dieselbe Gültigkeit besitzen, wie sie die Gesetze der Lichtbrechung für die Optik haben.

Blondels Gegenspieler in dieser Frage ist Claude Perrault (1613–1688), der in den Kommentaren zu seiner 1673 erschienenen Vitruv-Übersetzung die Möglichkeit einer normativen Ästhetik grundsätzlich in Frage stellt. Proportionen und Regeln sind für ihn Übereinkünfte, die von Gewohnheit und Tradition bestimmt sind.[11] In dieser Position spiegelt sich der erkenntnistheoretische Empirismus John Lockes, mit dessen Theorien Perrault als Physiologe vertraut ist.[12] Der in unserem Zusammenhang wesentlichste Aspekt ist jedoch Perraults Einteilung des Schönheitsbegriffs in gesetzmäßig faßbare und arbiträre Schönheit. Diese Trennung verläuft quer zu den Kategoriegrenzen, die in der bisherigen Architekturtheorie üblich waren. Perrault spricht von einer „beauté positive", die aus den bisher nicht spezifisch ästhetisch verstandenen Kategorien – bei Perrault „solidité, salubrité, commodité" – abgeleitet werden könne, und einer „beauté arbitraire", die den künstlerischen Freiraum bezeichnet, der allerdings durch die Gewohnheit eingegrenzt wird (Kruft 1985, p 151).

Das Projekt einer normativen Architekturästhetik, das im Rahmen eines umfassenderen Projekts, nämlich der Aufklärung, betrieben wurde, mußte in dieselbe Krise geraten wie die Aufklärung selbst. Von Lockes Empirismus führt ein direkter Weg zu Humes Skeptizismus und zu Rousseau: Aufklärung und Vernunft führen nicht zwangsläufig zu existentieller Sicherheit.[13] Gerade die zentrale Rolle der Architektur, existentielle Sicherheit faktisch zu geben und symbolisch darzustellen, hatte man aber an der Architekturakademie im Rahmen des cartesianischen Weltbilds neu begründen wollen.

Für die Architektur entsteht aus dieser Erkenntnis noch ein zusätzliches Problem: Wenn es nach dem Zusammenbruch einer transzendenten auch keine allgemeingültige rationale Welterklärung mehr gibt, dann wird die gemeinsame Weltsicht von Kunst und Wissenschaft, die in der Aufklärung

ja beide als spezifische Akte der ‚Mimesis' verstanden werden durften[14], grundsätzlich in Frage gestellt. Diese Entfremdung zwischen Wissenschaft und Kunst wird im 18. Jahrhundert manifest, und bleibt schmerzlicher Gegenstand immer neuer Vereinigungsversuche, die nirgendwo sonst mit solcher Intensität betrieben werden wie in der Architektur.[15]
Als Ergebnis des Streits zwischen den Alten und den Modernen ist der Schönheitsbegriff – zumindest in der Architektur – geteilt: Es gibt eine rationalistische, mit den Wissenschaften kompatible Begründung von Schönheit im Sinne einer Übereinstimmung der Form mit Gebrauch und Konstruktion. Es gibt aber auch eine arbiträre Schönheit, die gesellschaftlichen Konventionen unterworfen ist. Die französische Architekturtheorie nach Perrault wird von diesem Punkt aus zwei Wege beschreiten: Einerseits lotet sie – bis zu den absonderlichsten Ausformungen der ‚architecture parlante' – die Möglichkeiten aus, die obsolet gewordenen historischen und transzendenten Referenzsysteme durch konventionelle und funktionelle zu ersetzen; andererseits versucht sie, ihre natürlichen Wurzeln, den Archetyp der Baukunst wiederzufinden und von dort ihre Prinzipien herzuleiten.

Caractère, Genre, Style

„Jedes Haus soll vom Außenbau bis zur Einrichtung den caractère seines Erbauers ausdrücken und ablesbar machen", fordert Germain Boffrand (1667–1754) in einem 1734 gehaltenen Vortrag an der Akademie, der sich mit der Frage des ‚guten Geschmacks' in der Architektur beschäftigte.[16]
Das Besondere an Boffrands Forderung ist nicht, daß Architektur etwas ausdrücken und lesbar sein soll: Keine Architektur war je ‚sprechender' als die des Barock. Bei Boffrand soll das Bauwerk den Erbauer aber nicht mehr allegorisch oder metaphorisch zu einem transzendenten oder historischen Referenzsystem in Beziehung setzen, sondern dessen individuellen Charakter ausdrücken.
Man erkennt in dieser Wendung unschwer die Anforderungen des erstarkenden Bürgertums, dessen Tendenz zu einer funktionalen Gliederung die alte ständisch geordnete Gesellschaft zu bedrängen beginnt. Individualität, also das Selbstverständnis des Einzelnen, ist nicht mehr durch Zugehörigkeit zu einer bestimmten sozialen Schicht definiert, sondern durch Funktion. In seiner Untersuchung über die Wandlung des Individualitätsbegriffs im 18. Jahrhundert spricht Nikolas Luhmann von einer Umstellung von Inklusionsindividualität auf Exklusionsindividualität: Die Gesellschaft bietet dem

Einzelnen keinen Ort mehr, an dem er als ‚gesellschaftliches Wesen' existieren könne (Luhmann 1993, p 158). Die Einzelperson könne nicht mehr einem und nur einem gesellschaftlichen Teilsystem angehören, sie bestimme sich durch ihre Rolle in mehreren Funktionssystemen. Erst dadurch könne die Sehnsucht nach individueller Bestimmung als *Abgrenzung* auftreten: Diese Sehnsucht sei ein spezifisch modernes Phänomen, da man zuvor als Mitglied der Gesellschaft Individuum war und nicht umgekehrt (ibid p 159). Inklusion ermöglicht die moderne Gesellschaft des 18. Jahrhunderts nur auf zwei Arten: einerseits ökonomisch, durch Inklusion des Individuums ins Wirtschaftssystem, andererseits über die Kunst.

Der ‚gute Geschmack' wird in dieser Situation zum verbindenden, Inklusion ermöglichenden Merkmal. ‚Geschmack' wird von Boffrand als etwas gesehen, das sich in jahrhundertelanger Entwicklung herausgebildet habe (Kruft 1985, p 162). Das erklärt einerseits den ‚guten Geschmack' der höchsten gesellschaftlichen Schichten – aber eben nicht mehr als gottgegeben, sondern als Sozialisationsvorteil – und legitimiert damit dessen Übernahme durch das Bürgertum; zugleich macht es aber ‚Geschmack' zum Korrelat einer bestimmten Zivilisationsstufe, was mit gesellschaftlicher Schicht – die durch Degeneration ja auf ein tieferes Niveau zurückfallen kann – nicht mehr unbedingt gleichzusetzen ist. Daß der ‚gute Geschmack' im Vergleich zu den alten, transzendentalen und historischen Absicherungen einen Verlust an Gewißheit darstellt, wird von Boffrand offensichtlich als problematisch erkannt: „Die Mode ist der Tyrann des guten Geschmacks." (ibid) Die Akademie habe daher die Aufgabe, über die Prinzipien, so relativ sie auch sein mögen, zu wachen und die Entartungen der Mode abzuwehren.

Während Boffrand noch fordert, den caractère des *Erbauers* am Gebäude ablesbar zu machen, geht Jaques François Blondel (1705–1774)[17] in seinem *Cours d'Architecture* von 1771 einen Schritt weiter, indem er caractère mit der ‚Bestimmung' des Gebäudes in Zusammenhang bringt: „Alle verschiedenen Hervorbringungen der Architektur müssen die Einprägung (l'impreinte) der eigentümlichen Bestimmung eines jeden Gebäudes tragen, sie müssen einen caractère besitzen, der ihre allgemeine Form bestimmt und der das Gebäude als das anzeigt, was es ist."[18] Blondel unterscheidet eine Stufenfolge von caractères, die er einzelnen ‚genres', also den Gattungen von Bauaufgaben zuordnet. Sie wird angeführt von der Erhabenheit (sublimité), die Basiliken, öffentlichen Gebäuden und Grabmälern vorbehalten ist. Andere caractères sind beispielsweise leger, elégant, délicat, naif oder mysterieux.[19] Um den jeweiligen ‚caractère' eines ‚genres' darstellen zu können, muß sich der Ar-

chitekt eines ‚style' bedienen, so wie der Redner durch die Wahl seines Redestils einem bestimmten Thema gerecht werden muß.
Mit der Forderung, den caractère des Erbauers beziehungsweise jenen der Bauaufgabe im Bauwerk auszudrücken, bleiben Boffrand und Blondel jedoch hinter den Möglichkeiten zurück, die in der Befreiung der Kunst von der Verpflichtung zu allegorischen und metaphorischen Referenzen angelegt sind. Ein Vergleich mit der Dichtkunst, aus deren Theorie der caractère-Begriff entlehnt ist, macht das deutlich. Auch hier hatten sich im Streit zwischen den Alten und den Modernen die Modernen insofern durchgesetzt, als der metaphorische und allegorische Verweis auf historische und transzendente Referenzsysteme aufgegeben wurde. Bis ins späte 18. Jahrhundert hinein war die Poetik aber nach wie vor die Kunst des Übertragens, des ‚metapherein' (Raulet 1993, p 65). Genauso wie in der Architektur war die Qualität der Antike als Kriterium dieser Übertragung zu diesem Zeitpunkt bereits durch die ‚bienséance' abgelöst worden, also durch die herrschende kulturelle Norm beziehungsweise die Stilebene, die einem bestimmten Genre, einer Gattung, ziemte (ibid).
Die endgültige Befreiung von Allegorie, Metapher und sprachlichem Ornament führte in der Theorie der Dichtkunst aber schließlich zum Bewußtsein davon, daß alle sprachlichen Zeichen willkürlich seien. Ihre Bedeutung ergibt sich nicht mehr aus dem mehr oder weniger durchsichtigen Bezug auf ein absolutes Referenzsystem, das als drittes neben dem Rezipienten und dem Künstler steht, sondern aus ihrer Wirkung im Gebrauch. So konnte Lessing aus der Erkenntnis der Willkürlichkeit aller sprachlichen Zeichen die grundsätzliche Autonomie der einzelnen Kunstformen ableiten. Einen Unterschied zwischen der Dichtung und den bildenden Künsten (Malerei und Plastik) erkennt Lessing zwar noch darin, daß die Dichtung sich künstlicher, Malerei und Plastik natürlicher Zeichen bedienten. Die Bedeutung der Zeichen sei jedoch in beiden Fällen eine willkürliche, zwischen Künstler und Rezipient entstehende (ibid p 66).
In diesem Punkt bleibt die ‚architecture parlante' unentschieden zurück: Statt sich ihrer eigenen Sprache bewußt zu werden, benutzt sie ihre Ausdrucksmöglichkeiten in dem Glauben, daß es ein einziges, rationales und objektives Referenzsystem gebe, auf das sie sich zu beziehen habe, nämlich die ‚natürliche Sprache'. Lequeus Kuhstall in Form einer Kuh und die Projekte von Ledoux, in denen sich der Beruf der Bewohner in der Architektur ablesen läßt, sind unfreiwillige Karikaturen dieses Versuchs, Architektur auf einen Begriff zu bringen. Die Suche nach einer immanenten Sprache der Architektur hat aber bereits parallel zu der geschilderten Entwicklung zur ‚architecture

parlante' eingesetzt – vorerst als Suche nach dem Ursprung, nach dem Archetyp der Architektur.

Typ und Ideal

1753 veröffentlicht Marc-Antoine Laugier (1713–1769) seinen *Essai sur l'architecture*, der als Manifest des Klassizismus in die Architekturgeschichte eingegangen ist.[20] Laugier geht der Frage nach, die nach dem Streit zwischen den Alten und Modernen offen geblieben war: Was reguliert die architektonischen Formen, wenn es keine verbindlichen historischen oder transzendenten Bezugssysteme mehr gibt? Boffrand hatte den ‚guten Geschmack' als Regulativ angesehen. Laugier versucht dagegen seine Prinzipien in der Vergangenheit zu verankern, allerdings nicht mehr in der historischen Vergangenheit der Antike, sondern gewissermaßen am absoluten Nullpunkt der Geschichte:
„Betrachten wir einmal einen Menschen in seinem ursprünglichen Zustand, ohne jede Hilfe, nur ausgestattet mit einem natürlichen Instinkt für seine Bedürfnisse. Er muß einen Ort der Ruhe haben und entdeckt am Ufer eines friedlichen Bächleins eine Wiese, deren frisches Gras sein Auge erfreut und deren weiches Bett ihn einlädt" (Laugier 1753(1989), p 33). Doch bald treibt die Hitze diesen Menschen in den Wald, wo ihn der Regen heimsucht. Er flüchtet in eine Höhle, deren Dunkelheit und Kälte ihm jedoch unangenehm sind. Und so „verläßt er die Höhle, fest entschlossen, durch seine Geschicklichkeit der Rücksichtslosigkeit und Unaufmerksamkeit der Natur abzuhelfen. Der Mensch will sich eine Unterkunft schaffen, die ihn schützt, ohne ihn zu begraben" (ibid). Er wählt vier starke Äste aus, verbindet sie mit vier anderen, die er quer über sie legt. Darüber breitet er von zwei Seiten Äste, die sich schräg ansteigend in einem Punkte berühren und bedeckt das so entstandene Dach mit Blättern, die vor Hitze und Regen schützen. Allerdings stellt ihn sein nach allen Seiten offenes Haus noch nicht ganz zufrieden, und so füllt er den Raum zwischen den Pfeilern aus. „So geht die einfache Natur zu Werke, und die Kunst verdankt ihre Entstehung der Nachahmung dieses Vorgehens. Diese kleine, rustikale Hütte, die ich gerade beschrieben habe, war das Modell, von dem alle Herrlichkeit der Architektur ihren Ausgang nahm."[21] (ibid p 34)
Während die Urhütte bei Vitruv und seinen Exegeten vor allem ein Hinweis auf die Entstehung der Architektur aus dem Bedürfnis nach Schutz ist, wird sie bei Laugier zum Ideal, an dem die Architektur direkt Maß zu nehmen

habe. Weil die Urhütte nur aus Säulen, Gebälk und Giebel besteht, sind diese Elemente für Laugier das Wesentliche am Gebäude, und nur in ihnen sei die eigentliche Schönheit zu finden. „In den wesentlichen Teilen liegt alle Schönheit; in den Teilen, die die Notwendigkeit diktiert, liegen die erlaubten Freiheiten [licences]; in den Teilen, die aus bloßer Laune [caprices] eingeführt wurden, liegen alle Fehler" (ibid). Die Kunst solle ihre „Möglichkeiten nur dafür einsetzen, das Werk zu verschönern, es abzurunden, ihm seinen Glanz zu verleihen, ohne dabei an sein Wesen zu rühren" (ibid p 37).

Im ersten Kapitel seines Essay untersucht Laugier unter dem Titel „Allgemeine Prinzipien der Architektur" die drei Grundelemente Säule, Gebälk und Giebel sowie die Superposition von Säulenordnungen und die Öffnungselemente, also Fenster und Türen. Die Säule müsse freistehend und rund sein, Pfeiler seien abzulehnen, weil die Natur nichts Eckiges hervorgebracht hätte; das Gebälk müsse gerade durchlaufend sein, Verkröpfungen gehören zu den beklagenswerten „Launen der Künstler" (ibid p 24), denen die Architektur preisgegeben sei. Giebel müssen immer dreiecksförmig sein und über der Schmalseite eines Gebäudes errichtet werden; wo das nicht möglich ist, sei das Gebäude entsprechend zu gliedern. Säulenordnungen können übereinandergestellt werden, sofern sie die Stockwerksgliederung exakt wiedergeben, Kolossalordnungen seien zu vermeiden. Fenster und Türen sollten rechteckig sein, Laibungsbögen „ohne Notwendigkeit im Überfluß zu gebrauchen, heißt, auf schulmeisterliche Art Gelehrsamkeit zur Schau stellen". Da Fenster und Türen nur zufällige Bestandteile der Komposition einer Architekturordnung sind (denn sie kommen in der Urhütte ja nicht vor), dürfen sie niemals auf deren wesentliche Elemente übergreifen, sich also nicht mit ihnen verschneiden oder sie überlappen.

Laugier unternimmt damit eine vollständige Elementierung der Architektur in ihre primären Bauteile. Daß er sich damit dem Vorwurf aussetzt, die Architektur in ihrer Aussagekraft zu reduzieren, ist ihm bewußt. „Man wird mir vielleicht noch entgegenhalten, daß ich die Architektur auf ein Minimum reduziere, da ich mit Ausnahme von Säulen, Gebälk, Giebel, Türen, und Fenstern alles übrige mehr oder weniger ausschließe" (ibid p 66). Laugier weiß sich freilich gegen diesen Vorwurf zu wehren: „Dem Architekten nehme ich nichts weg, weder was seine Arbeit, noch was seine Quelle betrifft. [...] Diejenigen, die tatsächlich Architekten sind, werden mir zustimmen, daß ich, statt ihre Arbeit zu verringern, sie zu tiefgehenden Studien und außergewöhnlicher Präzision zwinge. Darüber hinaus stelle ich dem Architekten sehr große Hilfsmittel zur Verfügung. Wenn er über Genie

und leichte Kenntnisse der Geometrie verfügt, wird er mit dem wenigen, das ich ihm zur Hand gebe, dem Geheimnis auf die Spur kommen, wie man Pläne unendlich abwandelt, und er wird durch den Abwechslungsreichtum der Formen das zurückgewinnen, was er an Überflüssigem, das ich ihm wegnahm, verliert." (ibid)
Diese Zerlegung des Bauwerks in abstrakte Elemente ist der entscheidende Schritt, mit dem Laugier bereits Durands Methode vorwegzunehmen scheint. Die Elemente der Architektur verlieren dabei zwar für sich genommen ihre symbolische Bedeutung[22], zugleich zeichnet sich jedoch die Möglichkeit einer autonomen Sprache der Architektur ab. Im Gegensatz zur ‚architecture parlante', bei der beispielsweise das Haus der Reifenmacher den Begriff ‚Reifen' evozieren sollte, beschränkt sich Laugier auf architekturimmanente Ausdrucksmittel. ‚Ausdrucksfähig' sind für Laugier nicht mehr nur Säulenordnungen und Ornament, sondern etwa auch Proportionen, die für alle Gebäude des gleichen caractères exakt zu bestimmen wären. Bei gleichem Genre und gleicher Bestimmung müßten daher stets dieselben Proportionen zur Anwendung kommen (ibid p 93). Laugier widmet den ‚Bauwerken ohne Architekturordnung' daher ein ganzes Kapitel; deren Schönheit hinge nur von ‚korrekten Proportionen, von der Eleganz der Form und der Wahl und Anordnung der Ornamente' (ibid) ab.

Allerdings hat bei Laugier Architektur nach wie vor die gesellschaftliche Ordnung widerzuspiegeln:
„Die bienséance verlangt, daß man ein Gebäude nicht mehr und nicht weniger prunkvoll ausstattet, als es seiner Bestimmung entspricht. [...] Das bedeutet, daß die Dekoration der Gebäude nicht willkürlich vorgenommen werden darf, sondern immer dem Rang und der Stellung ihrer Bewohner entsprechen muß" (ibid 123).[23] Laugier denkt dieses Prinzip freilich mit erschreckender Konsequenz zu Ende: „Häuser, die dazu bestimmt sind, Arme aufzunehmen, sollen auch einen Anstrich von Armut haben" (ibid 140).

Obwohl Laugier den Begriff ‚Typ' nie verwendet, finden sich in seinem Essay jene Konzepte, für die der Begriff zu Beginn des 19. Jahrhunderts stehen wird. Da ist einerseits der Typ als Ursprung, als Archetyp: die Urhütte gibt die Struktur vor, aus der sich alles spätere entwickelt. Wohlgemerkt: die Struktur, nicht die Form. Man muß Laugiers Konzept der Urhütte mit jener etwas späteren Paraphrase Ribart de Chamousts vergleichen, die in einer Baumgruppe den *Typ der französischen Ordnung* erkannt haben will. Dieser Typ ist noch ganz bildhafte Überlagerung. Laugiers Archetyp ist dagegen mit Goethes Urpflanze vergleichbar – eine archetypische Struktur, aus der sich eine ungeheure Vielfalt entwickeln kann. Auf der anderen Seite verwendet Laugier, so wie die meisten französischen Theoretiker des 18. Jahrhunderts, ein System der Zuordnung von formalen Lösungen zu außerarchitektonischen Kriterien. Da jedem ‚genre' ein bestimmter ‚caractère' entspricht, den das Bauwerk auszudrücken hätte, werden die Gebäude zu Mitspielern in einem Welttheater. Wie im Theater Typen mit bestimmten Charakteren auf die Bühne kommen, so treten auch die Häuser als Figuren auf und sprechen im jeweils angemessenen ‚Stil', der freilich im 18. Jahrhundert noch nichts mit ‚historischen' Stilen zu tun hat.

In der Dichtkunst war die Schwierigkeit, die sich aus dem Ersetzen von Allegorie und Metapher durch die ‚Figur' ergibt, rasch erkannt worden: „An einem einzigen Markttag werden mehr Figuren geprägt als in langwierigen akademischen Debatten."[24] In ihrer Abbildungsfunktion überfordert, muß sich die Kunst auf ihre eigentlichen Stärken besinnen. In der Dichtung resultiert daraus die Forderung nach dem Vorrang der Geschichte über die Figur, wie sie Lessing in seiner Theorie des bürgerliches Trauerspiels erfüllt. „So wie der Mensch sich selbst genügt, genügt in der Dichtung die Fabel auch sich selbst. Alle allegorischen Attribute hält Lessing für ‚Erfindungen der Not', die zum bequemen Verständnis zwischen Medium und Sache, dann auch zwischen Autor und Empfänger nichts beitragen." (Raulet 1993, p 67) Die unmittelbare Wirkung des Dargestellten wird zum Kriterium. „An die Stelle des Verhältnisses der Darstellung zu einer metaphysischen Ordnung [...], das aus dem Bild immer eine *figura* und aus der Fabel immer eine *inscriptio* macht, tritt das immanente Kriterium der Übereinstimmung zwischen Sujet und Medium, Dargestelltem und Darstellungsmitteln, Bezeichnetem und Zeichen. [...] Bild und Fabel stehen und sprechen für sich selbst, und wenn das Bild etwas erzählen soll, dann entsteht diese Fabel [...] aus seinem Verhältnis zum Betrachter – der eben keiner mehr ist" (ibid p 66).

Worüber aber kann die Architektur erzählen, wenn ihr die Referenz auf Genre und Stand ebenso genommen wird wie die alten allegorischen Referenzen? Eine Antwort versucht Etienne Louis Boullée (1728–1793) mit seinen Projekten, in denen es nur um die großen und allergrößten Problemkreise geht: Universum, Natur, Tod. Der ‚caractère', den Boullée zum Ausdruck bringen möchte, ist jener der Natur selbst. Als Beispiel für den Begriff des ‚caractère' dienen ihm nicht mehr menschliche Charakterzüge, sondern die Jahreszeiten, die jeweils ihren eigenen ‚caractère' besitzen.[25] Der Architekt müsse versuchen, das große Bild, das die Natur vorgezeichnet hätte, in Architektur zu übersetzen.

3 Claude-Nicolas Ledoux, Haus des Reifenmachers, 1804
4 Ribart de Chamoust, L'ordre François trouvé dans la nature, 1783

L'ORDRE FRANÇOIS DÉVELOPPE

Boullée verwendet dazu jene elementaren Ausdrucksmittel, die Laugier in seinem Essay freigelegt hat. Die Urhütte ist aber für ihn keine bindende Referenz mehr, an der es Maß zu nehmen gelte. Die Freistellung der Säule, die Laugier gefordert hat, führt Boullée zwar durch; aber er stärkt damit zugleich die Wand, die immer mehr zum eigentlich Tragenden wird, während sich die Säule zum Schmuckelement entwickelt, in freistehenden Kolonnaden vor die Wand gestellt, oder nur noch angedeutet wie in den Baumreihen des Newton-Kenotaphs. Ebenso wird der Giebelportikus zu einem selbständigen Element, das ohne Überschneidung vor den Hauptbaukörper gestellt wird. Alle Elemente in Boullées Kompositionen sollen in ihrer reinen geometrischen Form zur Darstellung kommen. Sie sprechen nur von sich selbst, und indem Boullée sie von allem anderen schweigen läßt, können sie ihre Wirkung als Nachschöpfung nicht der Formen, sondern des Wesens der Natur entfalten.

In seinem erst posthum veröffentlichten Traktat *Architecture, Essai sur l'Art* sagt Boullée, daß der Architekt fähig sein müsse „alle die zerstreuten Schönheiten der Natur zu sammeln, um sie ins Werk zu setzen. Ja, ich kann es nicht oft genug wiederholen, der Architekt muß derjenige sein, der die Natur ins Werk setzt" (zit. nach (Vogt 1969, p190)). Der gigantische dunkle
5 Berg im Schaubild des Projekts für eine Nekropole ist nicht nur Hintergrund, sondern zugleich undeutliches Muster für die Anlage der weißen Totenstadt,
6 über der er sich erhebt; der Newton-Kenotaph stellt Weltkugel und Himmelsgewölbe dar, aber eben nicht als Allegorie. Man muß sich Boullées Projekt als ausgeführt vor Augen führen, um diese Überwindung der allegorischen Ebene zu verstehen: Wer sich diesem Bauwerk nähert und in den Innenraum emporsteigt, wäre kein ‚Betrachter' mehr. Ihm würde umweglos seine zwiespältige Position als ‚erster Freigelassener der Schöpfung' (Lessing) bewußt. In der vollkommenen geometrischen Form der Kugel, in der alle widerstrebenden Richtungen zusamenfinden, kann der Mensch die widersprüchlichen Erscheinungen der Welt zwar als geordnet erfassen; zugleich aber erfährt er sich dieser Ordnung im gigantischen Innenraum des Newton-Kenotaphs bis an die Grenze des Erträglichen ausgesetzt.

Mit der Begründung einer autonomen Architektur außerhalb aller gesellschaftlichen Regeln des ‚bon goût' ist Boullée das erste – und neben Friedrich Gilly einzige – ‚Genie' der Architekturgeschichte des 18. und 19. Jahrhunderts, und es wird bis zu Tatlin und Le Corbusier dauern, daß Selbstverständnis und Fähigkeit in ähnlicher Weise in einer Person zusammentreffen. Der Auftrag des ‚Genies' – das ja selbst ein Produkt des späten 18. Jahrhunderts ist – besteht eben darin, das Allgemeine, das an Einheit und Ganzheit orientiert ist, im Besonderen zu verwirklichen. Das Genie resultiert aus einer Steigerung des Individualitätsbegriffs, die den logischen Zirkelschluß zwischen der Forderung nach gutem Geschmack einerseits und nach dem Neuen und Überraschenden andererseits aufbrechen soll, wie es im 18. Jahrhundert erstmals als Qualität der Kunst gefordert wird.[26] „Dies Individuum übertrumpft dann auch noch den Geschmack und mit ihm die etablierten Kriterien des Schönen. Es versteht sich in einem nochmals übersteigerten Sinne als Genie, das dem Geschmack die Regeln gibt von einer Position aus, die nur noch außerhalb der Gesellschaft begründet sein kann." (Luhmann 1993, p 206)

Für die Architektur ist eine solche Rolle außerhalb der Gesellschaft freilich problematischer als für die anderen Künste, weil sich damit ihre inhaltlichen Möglichkeiten drastisch reduzieren: Selbst Bauaufgaben wie Museum, Oper und Bibliothek müssen für Boullée zu Denkmälern und Grabmälern werden, in denen die genannten Themen – Natur, Tod, Universum – abgehandelt werden können. Schon die geringste Abweichung von diesen Themen gibt die autonome Architektur der Lächerlichkeit preis.

Boullée hat die Architektur damit in einen Bereich geführt, in dem die Beziehung zwischen Bauwerk und den Bedingungen und Bedürfnissen der Gesellschaft abreißt. Die nachfolgende Generation, vor allem Boullées Schüler Durand, wird diesen Ansatz radikal umkehren: Für ihn sind Ökonomie und Zweckmäßigkeit die wesentlichen Kriterien der Architektur. Dennoch versucht auch er, so wie Boullée, die Frage nach der ‚unitas multiplex', nach der Beziehung zwischen dem Allgemeinen und dem Besonderen zu beantworten, wenn er für die ‚fast unendliche Anzahl der Gebäudearten' (Durand 1831, Vorrede, p 15) einen einzigen, alle möglichen Erscheinungen umfassenden ‚Mechanismus der Erfindung' entwickelt (ibid).

Die Kunst, weniger zu sehen –
J.N.L. Durands typologische Methode

Ich habe im letzten Abschnitt versucht, ‚Gesellschaftsordnung' und ‚Konvention' auf der einen und ‚Natur' auf der anderen Seite als konkurrierende Leitbegriffe in der französischen Architekturtheorie des späten 18. Jahrhunderts darzustellen. Wie das Beispiel Laugiers gezeigt hat, lassen sich diese Leitbegriffe nicht eindeutig bestimmten Autoren und Architekten zuordnen: Obwohl Laugiers Urhütte als ein ‚Zurück zur Natur' im Sinne Rousseaus interpretiert werden kann, fordert er auf der anderen Seite, die Gesellschafts-

5 E.L. Boullée, Nekropole

6 Kenotaph für Isaac Newton, 1783

7 J.N.L. Durand, Allgemeines Kompositionsverfahren, Précis des Leçons ... , 1819

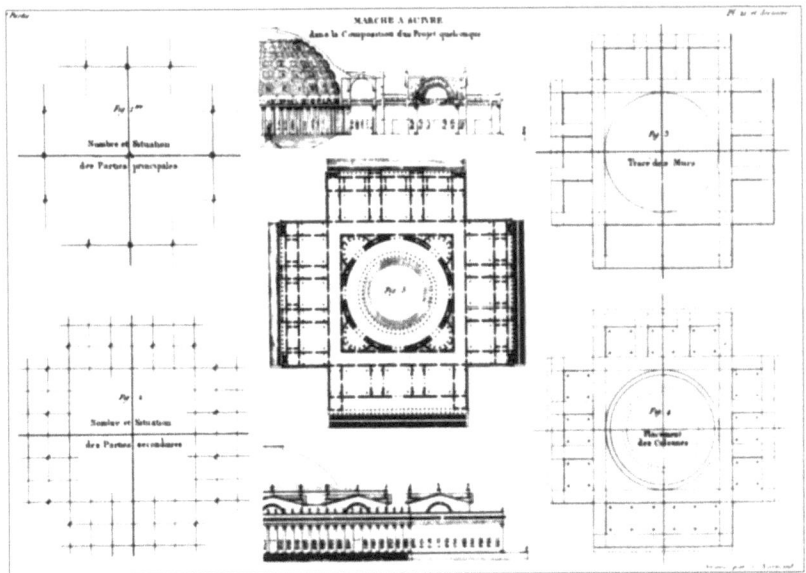

ordnung in den ‚caractères' der Gebäude zum Ausdruck zu bringen. Auch der Begriff ‚Natur' ist keineswegs eindeutig, sondern meint ein weites Spektrum von Bedeutungen, von der ‚vernünftigen natürlichen Ordnung' bis zum ‚Empfinden der Ungeheuerlichkeit des Universums'. Dennoch bezeichnen diese konkurrierenden Leitbegriffe das Klima, das die Ausbildung jener Generation prägt, zu welcher J.N.L.Durand (1760 – 1834) gehört. Durand ist Schüler Boullées. Mit 16 Jahren tritt er als Zeichnerlehrling in dessen Atelier ein und gewinnt 1779 und 1780 beim Prix de Rome der Akademie den zweiten Preis. Seine selbständige Tätigkeit fällt in die Zeit nach der politischen und geistigen Zäsur der französischen Revolution. 1795 wird er an die ein Jahr zuvor gegründete Ecole Polytechnique berufen, wo er bis 1830 Architektur unterrichtet, und zwar vorerst innerhalb der von Gaspard Monge – jenem Mann, der das Fach ‚Darstellende Geometrie' wissenschaftlich begründet hat – geleiteten Abteilung für angewandte Geometrie (Vidler 1977). In seinen Büchern[27] nimmt Durand die widersprüchlichen Ansätze, mit denen sich die Generation vor ihm befaßt hat, auf: die Tendenz zur Elementierung, die Laugier vorbereitet hat, ebenso wie die Tendenz zur ‚Form aus einem Guß', wie sie sein Lehrer Boullée angestrebt hat.[28] Er fordert Gestaltung nach natürlichen Pinzipien und sieht Architektur zugleich als soziale Kunst, die gesellschaftlichen Bedürfnissen gerecht zu werden hat. Durands Lehrbuch ist nach einem klaren didaktischen System aufgebaut[29]: Vorrede, theoretische Einleitung, dann in drei Teilen die eigentliche Entwurfslehre. Zuerst werden die Elemente erläutert, dann die Komposition der Elemente, den Abschluß bildet eine ‚Prüfung der hauptsächlichsten Gattungen von Gebäuden', mit einer Übersicht über die Probleme der einzelnen Bauaufgaben und jeweils einigen beispielhaften Lösungsvorschlägen. In der Vorrede bricht Durand gleich mit zwei Denkschulen: Weder die Urhütte Laugiers (den Durand ausführlich zitiert) noch die Proportionen des menschlichen Körpers können Grundlage der Gestaltung sein. In beiden Fällen handle es sich um die „Nachahmung" architekturfremder Vorbilder – denn die Hütte sei weder etwas Natürliches noch könne sie „als Kunstgegenstand betrachtet werden", und der menschliche Körper „habe gar keine Formverwandtschaft mit architektonischen Körpern und kann in seinen Verhältnissen ebensowenig der Nachahmung fähig sein" (Durand 1831, Vorrede, p 5). Nicht die Nachahmung, sondern „nur Angemessenheit und Sparsamkeit" seien die geeigneten Mittel der Baukunst, und diese wiederum in der menschlichen Natur angelegt, da „wir Freunde alles Wohlseins und Feinde aller Mühen sind, [und] folglich beim Aufführen von Gebäuden es so anstellen müssen, daß wir uns dadurch so viele Vorteile und so wenig Mühe und

Ausgaben verursachen als möglich" (ibid p 5). Die Sparsamkeit sei daher nicht „ein Hindernis der Schönheit, wie allgemein geglaubt wird, sondern im Gegenteil deren reinste Quelle" (ibid p 13).
Durands Methode geht aus diesen Gedanken keineswegs so selbstverständlich hervor, wie es oft dargestellt wird (vgl. etwa (Kruft 1985, p 312)). Die Beschränkung auf Kreis und Quadrat, auf einfache Achssysteme, symmetrische Anlagen und primäre Bauelemente ist eine Sparsamkeit von ganz anderer Art als jene, die sich durch das ‚Weglassen alles Überflüssigen' ergibt. Es handelt sich dabei auch nicht einfach um einen „simplifizierenden Schematismus, [...], der sich weitgehend aus der Tatsache erklärt, daß Durand nicht Architekten, sondern Ingenieure zu unterrichten hatte" (Kruft 1985, p 310).[30] In seiner Methode glaubt Durand „jenen Gang befolgt zu haben, den die Vernunft anzeigt, sowohl beim Studium der Kunst als bei der Komposition der Gebäude, welche beide nur eine ununterbrochene Reihenfolge von Bemerkungen und Schlüssen sind" (Durand 1831, III, p 49). Durand will offensichtlich wissenschaftliche Glaubwürdigkeit für seine Methode in Anspruch nehmen. Komposition als ‚ununterbrochene Reihenfolge von Bemerkungen und Schlüssen' – das scheint endlich jene völlig rationale Architektur zu sein, wie sie an der Akademie gegen Ende des 17. Jahrhunderts angestrebt wurde. In Durands Theorie wird aber auch ein Moment spürbar, das in dieser Form erst zu Beginn des 19. Jahrhunderts auftreten kann: die Betrachtung des Bauwerks als in sich nach funktionellen Prinzipien gegliederte, gleichsam organische Struktur.
Am deutlichsten wird das Neue an dieser Betrachtungsweise, wenn man Durands Methode mit der Entwicklung im Bereich von Zoologie und Botanik vergleicht, die erst zu Beginn des 19. Jahrhunderts in den gemeinsamen Rahmen der ‚Biologie' – als Wissenschaft vom Leben – gestellt wurden. Michel Foucault, der das Nicht-Ausgesprochene in der Geschichte der Wissenschaften jener Zeit ‚archäologisch' freizulegen versucht hat, schreibt, daß die europäische Kultur innerhalb einiger Jahre an der Wende vom 18. zum 19. Jahrhundert die fundamentale räumliche Aufteilung des Lebendigen völlig modifiziert habe (Foucault 1966(1994), p 335). Die alte Naturgeschichte sammelt (auf gleicher Ebene) zu jedem Lebewesen eine aus unserer Perspektive ungeordnete Fülle von Informationen: Anatomie, Fangweisen, allegorischen Gebrauch, Vermehrungsart, Legenden und Geschichten, Medikamente, die man aus seiner Substanz erzeugen könne, seine Nahrung und „die beste Art, es zur Soße zu reichen" (ibid p 170). Nicht das Interesse an der Natur und ihren Erscheinungen ist neu in der klassischen Epoche, sondern der Raum, in dem man sie sehen kann oder von wo aus man sie beschreiben

kann. „Das Naturalienkabinett und der Garten, so wie man sie in der klassischen Epoche einrichtet, ersetzen das kreishafte Drehen des ‚Zeigers' durch die Verteilung der Dinge in einem ‚Tableau'" (ibid p 172).
In den Taxonomien des 18. Jahrhunderts weicht die hinzeigende Beschreibung einer systematischen Klassifizierung nach präzisen Regeln. Karl von Linné (1707 - 1778) fordert „jedes Merkmal aus der Zahl, der Gestalt, der Proportion und der Situation" zu gewinnen. Linnées strukturelle Systematik führt zu neuen Formen der Repräsentation, bis hin zu einer Vision Linnées, die typographische Struktur zum Abbild der Struktur der Pflanze und das Buch damit zu einem „Herbarium der Strukturen" (ibid p 177) zu machen.[31]
Die neue Naturgeschichte ist aber nicht möglich geworden, weil man genauer oder aus größerer Nähe hingeschaut hätte. „Im strengen Sinne kann man sagen, daß das klassische Zeitalter sich angestrengt hat, wenn nicht so wenig wie möglich zu sehen, so doch wenigstens freiwillig das Feld seiner Erfahrung einzuengen" (ibid p 174). Zurückgedrängt werden dabei nicht nur mythologischer ‚Ballast' und Bestimmungen, die von anderen Spezialbereichen erledigt werden können, sondern alles, was sich einer sprachlichen Festsetzung entzieht. Gesehen wird nur, was man wird sagen können. Geruch und Farbe werden daher zu völlig untergeordneten Bestimmungsgrößen. „Alle dunklen Ähnlichkeiten sind nur zur Schande der Kunst eingeführt worden", schreibt Linné (ibid p 175). Der Gewinn dieser Reduktion ist für ihn evident: „Das System zeigt die Pflanzen an, sogar jene, die es nicht erwähnt hat; die Aufzählung eines Katalogs kann das niemals tun" (ibid p 190).
G.L.L. Buffon (1707–1788) versteht im Gegensatz zu Linnée die Natur trotz aller Systematik als ein kontinuierliches System. Je mehr man die systematische Einteilung verfeinert, desto näher komme man zu dem Punkt, wo sich die Systematik auflöst, weil, wie Buffon schreibt, „eigentlich nichts als einzelne Dinge vorhanden sind, und weil die Arten, die Ordnungen und die Klassen nur in unserer Einbildung bestehen" (ibid p 190). Das kontinuierliche Netz der Arten und Gattungen wird von Buffon als in der Zeit gefaltet gedacht, wobei die Arten und Gattungen in einer Abfolge von Ereignissen in die Sichtbarkeit gelangen, aber auch wieder verschwinden können und dabei nur schwer lesbare Spuren hinterlassen.[32]
Durand stößt bei seiner Einteilung der Bauaufgaben auf ähnliche Probleme. Der dritte Teil seines Lehrbuchs soll ja eine „Prüfung der hauptsächlichsten Gattungen von Gebäuden" präsentieren. Wie für Buffon ist es für Durand offensichtlich, daß „es eine fast unendliche Anzahl von Gebäudearten gäbe" (Durand 1831, Vorrede, p 15), weil ja auch die Bedingungen – Durand

spricht von „Ort, Zeiten, Personen, Boden, Kosten, usw." (ibid) – unendlich verschieden sein könnten. Diese alle zu studieren sei unmöglich und für den Entwurf sogar kontraproduktiv, denn man würde in Versuchung kommen, ‚das bisher Gelernte immer wieder auf alles' – also auch auf Bauaufgaben, wo es nicht zutrifft – anzuwenden (ibid). Durand versucht dieses Problem zu lösen, indem er im dritten Teil seines Lehrbuchs von einer formalen Beschreibung der einzelnen Lösungen zu einer funktionalen Beschreibung der Bauaufgaben übergeht und für diese jeweils eine generelle Lösung anbietet.[33] Das Ergebnis ist eine Ordnung der Dinge, die nicht länger nach ihren sichtbaren Merkmalen, sondern nach unsichtbaren, inneren Beweggründen erfolgt.

Diese Ordnung – so selbstverständlich sie uns heute erscheint – ist aber nicht einfach eine andere Form der Taxonomie aufgrund neuer Merkmale, die sich durch genaueres Hinsehen, durch ‚Aufschneiden der Oberfläche' ergeben hätte. Sie ist eine radikale Umkehrung der bisherigen Betrachtungsweise und findet ihre Entsprechung in der zur gleichen Zeit stattfindenden Neuorientierung von Zoologie und Botanik, die in den Rahmen einer neuen Wissenschaft, der Biologie, gestellt werden. George Cuvier (1769–1832) bricht mit den alten taxonomischen Systemen, indem er eine vergleichende Anatomie der Lebewesen durchführt, die funktionelle Zusammenhänge zwischen den Organen erkennbar macht. „Alle Organe eines Lebewesens bilden ein einziges System, von dem alle Teile sich gegenseitig halten und aufeinander reagieren. [...] Es kann in keinem Teile eine Veränderung geben, die nicht analoge in allen anderen nach sich zieht." (Foucault 1966(1994), p 324) Indem Cuvier die Taxonomie nach sichtbaren Merkmalen überwindet, kann er Organe, die keinerlei Ähnlichkeit miteinander haben, aber demselben Zweck dienen, unter gemeinsamen funktionellen Gesichtspunkten betrachten. Diese Betrachtung führt zu einer neuen Art der Hierarchie, die nicht mehr strukturell, sondern funktionell dominiert ist. Cuvier sieht zuerst alles dem Blutkreislauf untergeordnet, dann dem Verdauungstrakt, schließlich dem Nervensystem: „Das Nervensystem ist im Grunde das ganze Tier. Die anderen Systeme sind nur da, um es zu erhalten." (ibid p 326)

J.B. Lamarck (1744–1829) verwirft schließlich den statischen Artbegriff und damit auch den Gedanken einer nur in der Zeit gefalteten, aber ansonsten vorgebildeten Natur, den Cuvier in seiner Schöpfungs- und Kataklysmentheorie nach wie vor vertritt. Die ‚Geschöpfe' werden zu ‚Lebewesen', die sich aus einfacheren Formen entwickeln, indem sie auf ihre Umweltbedingungen reagieren. Damit ist die Cartesianische Analogie von Körper und Maschine aufgehoben – das ‚Leben' und seine Entwicklung kann zum Gegenstand wissenschaftlichen Interesses werden. Als Nebeneffekt dieser Entwicklung ist nach Lamarck auch der Begriff des Typs entzaubert: Er wird in der Zoologie benutzt, um jenes konkrete Exemplar zu bezeichnen, an dem die Beschreibung einer Art zum ersten Mal durchgeführt wurde.[34] Offensichtlich war Durand von diesen Entwicklungen, die am selben Ort zur selben Zeit stattfanden, als er die erste Fassung seines Lehrbuchs veröffentlichte, beeinflußt.[35] Er gliedert die Stadt wie einen Organismus mit Eingängen und einem inneren Kommunikationssystem aus Straßen, Brücken und Plätzen und die Gebäude als Organe der Stadt; bei den einzelnen Gebäuden unterscheidet er Haupt- und Nebenerfordernisse. Der Entwurfsvorgang, den Durand vorschlägt, beginnt mit der Frage, „auf welche von den mannigfaltigen Eigenschaften man zunächst sein Augenmerk richten" müsse. (Durand 1831, III, p 49) Die richtige Antwort ergebe sich aus der Funktion des Gebäudes: Beim Leuchtturm sei es die Festigkeit, bei der Bibliothek die Forderung nach Stille und Ruhe. Die nächste Frage ist, ob das Gebäude als eine Masse oder als durch Höfe unterbrochen zu planen sei; dann, ob die „Hauptbaue aneinanderstoßen oder getrennt sein sollen" (ibid); weiters ist die Anzahl der Stockwerke ist zu bestimmen, die wesentlichen Gemächer und die sich daraus ergebenden Spannweiten und Gewölbe; hieraus sind die Hauptachsen festzulegen, dann die Anzahl der Zwischenachsen zu bestimmen und zu modifizieren. Den graphischen Teil dieses Vorgangs illustriert

7 Durand in der Abschlußtafel des ersten Band der *Leçons*. Das entstehende Gerüst muß nur noch geschmackvoll ausgearbeitet werden: „Ist eine Skizze oder ein croquis auf diese Art entworfen, so hat man sich bei der Reinzeichnung nur noch mit den verschiedenen Profilen zu beschäftigen und mit den Ornamenten von Malerei und Skulptur, welche man anzuwenden für gut findet." (ibid)

Auf den ersten Blick könnte man hier tatsächlich von einem ‚Schnellsiedekurs' sprechen. Das würde aber bedeuten, daß Durand *bestehende* Entwurfsmethoden auf einen kümmerlichen Rest reduziert hätte, gerade noch geeignet für die dreijährige Ingenieurausbildung der Zöglinge an der Ecole Polytechnique. Es ist sicher richtig, daß Durand seine Methode in ein didaktisches Konzept einbindet und dabei vorhandene Methoden – nicht zuletzt unter dem Einfluß der darstellenden Geometrie Monges – in ein explizites System bringt.[36] Seine Methode läßt sich aber nicht auf einen geometrischen Schematismus reduzieren. Es gelingt ihm, die Genres, die in der Architekturtheorie des des 18. Jahrhunderts vor allem unterschieden wurden, um ihnen einen ‚caractère' zuordnen zu können, von innen heraus zu verlebendigen. Genre und Kontext bestimmen die Hauptanforderungen eines Projekts. Daraus

formieren sich Massenverteilung, Achsen, Spannweiten, Stockwerke; der Plan ‚wächst' gleichsam in einem organischen Vorgang zu einer immer differenzierteren Gestalt.
Durand sieht in seiner Methode daher keineswegs schematische Reduktion, sondern die Möglichkeit zu unbeschränkter, aber geordneter Vielfalt: Durch die verschiedenen Verbindungsmöglichkeiten in horizontaler und vertikaler Richtung ließe sich „eine unzählbare Menge architektonischer Kompositionen herstellen" (ibid, Vorrede, p 14), entsprechend der „fast unendlichen Zahl von Gebäudearten" (ibid, Vorrede, p 15). Die Methode würde daher dem Genie keine Fesseln anlegen, sie sei vielmehr „unendlich geeignet, die Entwicklung desselben zu erleichtern; vorausgesetzt jedoch, daß man zuerst vom wahren Geiste der Baukunst durchdrungen sei, und bevor man ihn zur Anwendung bringt, ebenso von dem Geiste, worin das vorgegebene Projekt gedacht werden muß" (ibid, III, 62).
Man wird kaum erwarten, daß Durand in seiner eigenen Methode eine Fessel für das Genie sieht. Aber daß er sie ausdrücklich als förderlich für die Entwicklung desselben bezeichnet, erscheint der Kritik doch als geradezu blasphemische Behauptung. Gottfried Semper nimmt kein Blatt vor den Mund, wenn er Durand in einer frühen Schrift als „Schachbrettkanzler für mangelnde Ideen" (Semper 1834, p VI) bezeichnet. Später wird eher versucht, die Methode vor ihrem Schöpfer in Schutz zu nehmen beziehungsweise Reste von Formwillen in Durands Schematismus zu betonen. Aus der Perspektive der sechziger Jahre unseres Jahrhunderts bleibt Durand „hinter seiner eigenen rationalistischen Methode zurück. Daß sich seine Grundrisse so stark ähneln, liegt nicht an ihr. So ergibt sich keineswegs aus ihr die für ihn typische Vorherrschaft zentralsymmetrischer Grundrisse" (Hernandez 1968).[37] Ähnliches bemerkt, wenn auch unter umgekehrten Vorzeichen, Werner Oechslin in einem Text aus der Mitte der achtziger Jahre: im geometrischen Schematismus, den Durand in der Ausgabe der Leçons von 1802 als reine Entwicklung von Hauptachsen abbildet, weist er eine Folge von ‚frühreifen' Figuren nach, die sich nur durch eine ganze Reihe zusätzlicher Entwicklungsschritte aus der systematischen Übersicht entwickeln lassen (und damit streng taxonomisch betrachtet, an ihrem dargestellten Platz nichts verloren haben). Oechslin bewertet das durchaus positiv: „Entscheidend ist bei dieser Beobachtung, daß Durand sehr wohl innerhalb seiner ‚rein typologisch' argumentierenden Demonstrationsfigur und mittelbar im Rahmen einer Entwurfsmethodik die jeweils vorgegebene und wiederum zur Verfügung gestellte Verbindung mit präzisen, historisch-kontingenten Objekten im Auge behält. Die Entwurfsmethode soll ja in der Tat wiederum zu konkreten Resultaten

35

führen, die ihrerseits Architekturgeschichte beanspruchen" (Oechslin 1985, p 8).

Oechslins Beobachtung zeigt, daß sich Durand einer vorschnellen rationalistischen oder funktionalistischen Vereinnahmung entzieht. Seine Beispiellösungen sind nicht einfach ‚aus der Funktion der Aufgabe' abgeleitet. Statt dessen spricht er vom „Geist, worin das vorgegebene Projekt gedacht werden müsse", und vom „Geist der Baukunst" als zwei *gleichwertigen* Kategorien, die erst im Zusammenwirken Qualität ermöglichen. Den „Geist des Projekts" bestimmt Durand über Funktion, Ort, Personen, Kosten, etc. (ibid, Vorrede, p 15) – also aus den allgemeinen Anforderungen an eine Bauaufgabe und den Randbedingungen des jeweiligen Einzelfalls. Aber was sagt Durand über den „Geist der Baukunst"?

Da sind einerseits die Prinzipien von Natur und Vernunft (die bei Durand de facto zusammenfallen). Wenn das Gebäude „das treue Bild befriedigter Bedürfnisse zeigt", denn sei dies „eine Befriedigung, woran die Natur unsere wahresten Vergnügungen geknüpft hat" (ibid, Vorrede, p 6). In Durands genauerer Erläuterung wird ein entfernter Widerhall von Albertis ‚concinnitas' hörbar:

„Wenn an einem Gebäude sich alles befindet, was dazu gehört, und sonst nichts als dies, und wenn alles Notwendige auf die sparsamste, das heißt auf die einfachste Weise angeordnet ist, besitzt ein solches Gebäude die Haltung und den Grad von Schönheit, welche ihm gebühren, und noch etwas anderes hinzufügen wollen, als etwa einige Verzierungen in Malerei oder Skulptur, heißt seinen Stil, seinen Charakter, mit einem Worte, alle Schönheit, die man ihm zu geben sucht, schwächen und selbst vernichten." (ibid, Vorrede, p 5)

Man dürfe daher niemals mittels sogenannter architektonischer Verzierungen zu gefallen suchen, denn diese seien nur phantasierte Nachahmungen, ungeeignet das geringste Wohlgefallen hervorzubringen. Dazu zählt Durand auch alle Verzierungen, die mit den Säulenordnungen zusammenhängen. Die Griechen hätte in ihnen nichts erblickt als „Stützen und gestützte Teile, lauter nützliche Dinge", proportioniert nach den „ewigen Gesetzen der Zweckmäßigkeit" (ibid, Vorrede, p 8). Auch die vieldiskutierte Grundsatzfrage Pilaster versus Säule wird von Durand kaltblütig nach diesen Gesetzen abgehandelt: Eine eingelassene Stütze müsse quadratisch sein, der Anbindung ans Mauerwerk wegen, eine freistehende zylindrisch, um die Zirkulation nicht zu behindern. Wie bereits Laugier kann sich Durand vorstellen, die Säulenbasen und so unnütze Verzierungen wie die Triglyphen „für immer verschwinden zu lassen, ohne diese Tradition zu verletzen" (ibid, Vorrede,

p 10) – überhaupt ist die Antike für ihn nur „eine eingegangene Gewohnheit"³⁸ (ibid, Vorrede, p 9).
Das Prinzip der Zweckmäßigkeit regelt für Durand nicht nur die Beziehung der Elemente des Gebäudes zueinander, sondern auch jene zwischen Bauwerk und Gesellschaft. Ein Gebäude habe „dauerhaft, zuträglich und bequem" zu sein, Sparsamkeit und Angemessenheit der Mittel machen die *Wirkung* eines Bauwerks aus. „Ziehe man die Vernunft zu Rate oder examiniere man die Monumente, so ist offenbar, daß Gefallen weder das Ziel der Baukunst, noch die architektonische Verzierung jemals ihr Zweck sein konnte. Die öffentliche und Privat-Nützlichkeit, die Wohlfahrt und Erhaltung des Einzelnen, wie der Gesellschaft, ist, wie wir bereits gesehen haben, der Zweck der Baukunst" (ibid, Vorwort, 12). Gleich in der zweiten Tafel seines Lehrbuchs, macht Durand seine Position an einem polemisch gewählten Beispiel klar. Dem Petersdom stellt er einen eigenen Entwurf gegenüber, „dessen Annahme drei Vierteln von Europa Jahrhunderte der Plage erspart hätte" (ibid, I, Tafel 2). „Baukunst oder Revolution!" wird Corbusier in *Vers une Architecture* fordern (Le Corbusier 1923 (1984)); Durand argumentiert zwar retrospektiv, aber mit nicht weniger Pathos: Baukunst oder Reformation!
Auf dieser Basis kann sich Durand auch von jener caractère-Theorie lösen, die noch Laugier zu seiner Forderung veranlaßt hatte, ein Haus für die Armen müsse auch einen „Anstrich von Armut" (Laugier 1753(1989), p 140) haben. An einem Beispiel führt er aus, wie sich die ‚Nützlichkeit' in der Form eines Gebäudes auszudrücken hätte:
„Es handle sich zum Beispiel um ein Hospital. Weit entfernt, den Anblick desselben durch Armut und Nacktheit abstoßend zu machen, wie die Anhänger der Verzierung zu tun nicht unterlassen würden, weil dies Gebäude zur Aufnahme armer Kranker bestimmt ist; so wird der Architekt, der diesen Titel wahrhaft verdient, bedenken, daß ein solches Gebäude für die Erleichterung der leidenden Menschheit bestimmt ist, ein Zweck vom größten, sowie vom edelsten Interesse, und sich darauf verlegen, dasselbe mit aller Würde, ja mit aller Annehmlichkeit, dessen es fähig ist, zu behandeln" (Durand 1831, III, p 63). Desgleichen müsse der Architekt bei einem Gefängnis bedenken, „daß der Eingekerkerte nicht immer der Schuldige sein muß", und daher, „nachdem er fürs erste Zuträglichkeit und Sicherheit wohl bedachte, sich nur damit beschäftigen, einen solchen Ort durch alle zu Gebote stehenden Mittel erträglich zu machen" (ibid).
Aus einer solchen Perspektive erledigt sich die Frage der ‚architecture parlante' von selbst – auch das ‚Bedeuten' kann für Durand kein Ziel der Architektur

sein[39], zumindest nicht in dem Sinn, daß sich das Gebäude auf einen Begriff zurückübersetzen läßt.
Die Frage nach dem ‚wahren Geist der Baukunst' beantwortet Durand also nur in zweierlei Hinsicht mit einer positiven Bestimmung, nämlich mit ‚Zweckmäßigkeit' und ‚Ökonomie'. Ob er damit wirklich meint, daß nur „das ökonomische Funktionieren eines Gebäudes Freude bereite", wie Rykwert über seinen „Anti-Helden" Durand schreibt (Rykwert 1983, p 106), ist eine Frage der Interpretation. Durand erkennt, daß kein anderes Kriterium jemals denselben *rationalen* Stellenwert erreichen kann wie jenes der Ökonomie, und er macht keinen Versuch, diese Erkenntnis zu verschleiern.[40] Er glaubt aber, mit seiner Methode die Architektur von unnützem Ballast befreit und ihr einen Reichtum an Möglichkeiten erschlossen zu haben. Seine Bemerkung, daß aus der zweckmäßigen und ökonomischen Anordnung jene „Befriedigung, woran die Natur unsere wahrsten Vergnügungen geknüpft hat", hervorgeht (Durand 1831, Vorrede, p 9), läßt jedenfalls einen interpretativen Spielraum offen, den Semper und Wagner ein halbes Jahrhundert später nutzen werden. „Sola artis domina necessitas" lautet die Inschrift, die Otto Wagner 1886, auf Semper Bezug nehmend[41], am rechten Risalit seiner Villa in der Wiener Hüttelbergstraße anbringt; auf dem anderen Risalit findet sich an derselben Stelle jedoch eine Ergänzung: „Sine arte, sine amore, non est vita". Kunst und Liebe in einem Atemzug zu nennen, wäre Durand kaum eingefallen; indem er die Architektur radikal aus jeder abbildenden Rolle im Sinne der ‚caractère'-Lehre befreit, gelingt ihm jedenfalls ein wesentlicher Schritt hin zu einer engeren Verbindung von Architektur und existentieller Realität und damit zu einem ‚organischen' Verständnis von Architektur.[42]

Quatremère de Quincys Definition des Typs

Der Erfolg von Durands Lehrbuch und dessen Wirkung auf die europäische Architekturpraxis zumindest bis zur Mitte des 19. Jahrhunderts stehen in einem seltsamen Mißverhältnis zu dem Stellenwert, der Durand zu seiner Zeit als Theoretiker eingeräumt wurde.[43] Das liegt nur zum Teil daran, daß es sich eben um ein Lehrbuch und nicht um einen Traktat im klassischen Sinn handelte. Auch daß man Durands Theorie als nur für das ‚Bauen', nicht aber für die ‚Architektur' gültig verstanden hätte, ist keine ausreichende Erklärung. Der eigentliche Grund scheint darin zu liegen, daß Durand auf die Fragen, mit denen sich die Architekturtheorie des 18. Jahrhunderts aus-

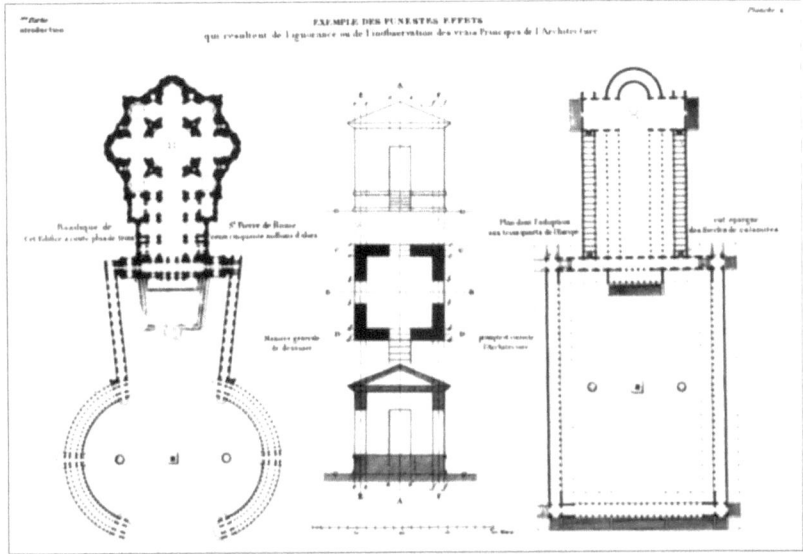

8 J.N.L. Durand, polemischer Alternativentwurf zum Petersdom, Précis 1819
9 Claude-Nicolas Ledoux, le bureau de Passy

einandersetzt, nur insofern eingeht, als er sie als Scheinfragen aus der Diskussion entfernen will. Weder Antike, noch Urhütte, noch anthropomorphe Gestaltung und Proportion, noch ‚caractère' bleiben als Anknüpfungspunkte erhalten. Die Konzentration auf die geometrische Abstraktion, durch die sich Durands Theorie auszeichnet – man könnte sie als ‚Theorie in Figuren' bezeichnen – macht sie zusätzlich jenen sprachlichen Abstraktionen inkommensurabel, die im 18. Jahrhundert die französische Architekturtheorie beherrschen.

Einen ganz anderen Weg verfolgt Antoine-Chrysostome Quatremère de Quincy (1755 – 1849), Bildhauer und von 1819 bis 1839 secrétaire perpetuel der Academie des Beaux-Arts. Quatremère bedient sich der verschiedenen Begriffe, die aus der Diskussion des 17. und 18. Jahrhunderts hervorgegangen waren, und sucht sie zu einem Begriffssystem zusammenzufassen. Dieses Unternehmen findet seinen Niederschlag in zwei großen publizistischen Projekten: Für die *Encyclopédie methodique* seines Freundes Panckouke verfaßt er von 1788 bis 1825 drei Bände über Architektur; 1832 publiziert er sein zweibändiges *Dictionnaire historique d'Architecture*, in dem die „historischen, deskriptiven, archäologischen, biographischen, theoretischen, didaktischen und praktischen Begriffe dieser Kunst" erklärt werden. In diesen Werken finden sich Abhandlungen über caractère, Imitation und Typ, in denen Quatremère nicht nur akademische Interessen verfolgt, sondern sich kritisch auf die Architekturproduktion seiner Zeit bezieht.

Der Artikel über den Begriff des Typs richtet sich gegen zwei von Quatremère als extrem dargestellte Auffassungen zur Frage der Imitation in der Architektur. Auf der einen Seite gebe es „diejenigen, die, weil Architektur weder eine Schöpfung der physischen und materiellen Natur ist noch ein Bild davon geben kann, keine andere Form der Nachahmung für denkbar halten, als wenn sie sich auf sichtbare Dinge beziehen, und die folglich behaupten, daß in der Architektur alles der Phantasie [caprice, CK] und dem Zufall unterworfen sei" (Quatremère de Quincy 1832(1992)). Auf der anderen Seite gebe es jene, die unter dem Typus nur die „verpflichtenden Bedingungen eines Modells" verstehen. „Sie folgern daraus, daß man von keiner Einzelheit des Modells abweichen dürfe [...] Ihnen zufolge hätten die Säulen weiterhin als Bäume erscheinen sollen und die Kapitelle als deren Äste." (ibid)

Die Stoßrichtung dieser Kritik ist klar: Einerseits wendet sich Quatremère gegen jene, die – wie etwa Ledoux in seinen Pariser Zollhäusern – die Regeln der klassischen Architektur in der Suche nach neuen caractères brechen, andererseits gegen die romantischen Versuche, die ‚einfache, ländliche Hütte' modellhaft Realität werden zu lassen. Quatremère, der von seinem

Biographen R. Schneider als „dictateur dans la republique des artes" bezeichnet wird, verteidigt hier die klassische Architektur als Institution.[44] Jenseits dieser Polemik muß Quatremères Beitrag jedoch als Versuch gelesen werden, auf die prinzipielle Frage nach dem Verhältnis zwischen künstlerischer Individualität und künstlerischer Konvention eine klare begriffliche Antwort zu finden. Der pragmatische Blick auf die Geschichte zeigt ihm, daß diese Antwort irgendwo zwischen ‚caprice' und ‚sklavischer Nachahmung' liegen müsse. Quatremère versucht daher, zu Beginn seiner Definition dieses Dazwischenliegen zu beschreiben:

„‚Typus' bezieht sich weniger auf das Bild einer Sache, welches vollständig nachzuahmen ist, als vielmehr auf die Idee, die dem Modell selbst als Regel dient. [...] Das Modell, im Zusammenhang mit der praktischen Ausführung der Kunst gesehen, ist ein Objekt, das man so wie es ist, wiederholen muß. Im Gegensatz dazu ist der Typus etwas, aufgrund dessen Werke entworfen werden können, die sich überhaupt nicht ähnlich sehen. Beim Modell ist alles genauestens vorgegeben, beim Typus bleibt alles mehr oder weniger unbestimmt" (ibid).

Die Abgrenzung zum Modell ist damit erklärt. Es bleibt die Frage nach dem Gehalt des Unbestimmten im Typ und wie dieser erfaßt werden kann. In der Methode, die er vorschlägt, zeigt sich Quatremère von seiner platonischen Seite: Es geht ihm darum, im Typus jenes Wesentliche freizulegen, das durch die Geschichte verschleiert wurde.

„In jedem Land geht die Kunst regelhaft zu bauen aus einem bereits existierenden Kern hervor. Alles hat eine Vorgeschichte; nichts kommt aus dem Nichts; dies gilt für alle Erfindungen des Menschen. Trotz späteren Veränderungen ist es für Gefühl und Verstand klar ersichtlich, daß alles seine elementaren Prinzipien beibehalten hat. Wie um einen Kern haben sich im Laufe der Zeit die späteren Entwicklungen und Veränderungen, deren das Objekt fähig war, abgelagert und aufeinander abgestimmt. Auf diese Weise sind tausend Sachen auf uns gekommen, und es ist eine der vornehmlichsten Aufgaben von Wissenschaft und Philosophie, in ihnen den Ursprung und die letzten Gründe zu erforschen. Dies ist es also, was in der Architektur Typus genannt werden muß, entsprechend wie auch in allen anderen Gebieten menschlicher Erfindungen und Einrichtungen." (ibid)

Der Gedanke, daß der Typus selbst keine Geschichte hat, aber zum Träger von Geschichte werden kann, wird Quatremères Definition 130 Jahre später für Giulio Carlo Argan und vor allem für Aldo Rossi so faszinierend machen – und natürlich die Andeutung des Geheimnisvollen, der ‚letzten Gründe', bei deren Erforschung sich die Architektur auf eine Ebene mit Philosophie

und Wissenschaft begibt. Die Architektur geht dabei über Philosophie und Wissenschaft hinaus, denn sie muß den Typ nicht nur erkennen, sondern auch schöpferisch überwinden.[45] Auch dieser Gedanke ist bei Quatremère vorgeprägt, und zwar in der Verbindung von Typ und Mimesis. Der Übergang vom Holzbau zum Steinbau ist für Quatremère ein Augenblick der Idealisierung: In demselben Moment, in dem die einfache, ländliche Hütte *als Typ* erkannt wird, ist sie auch schon in eine höhere, idealisierte Form transformiert und überwunden. Im Artikel über ‚Imitation' stellt Quatremère diese Art der idealen Nachahmung der Nachahmung in der realen Welt gegenüber: „Indem in materieller Hinsicht [...] kein vergleichbares Vorbild existiert, ist es der Geist, den ein derartiges Werk nachahmt und entdeckt. Man hat den Werken, die auf diese Art entstehen, den Namen Schöpfung oder Erfindung gegeben. Das ist die Nachahmung in der Welt der Ideen. Das ist die ideale Nachahmung." Weil die griechische Kunst in dieser Hinsicht die vollkommensten Leistungen erbracht habe, sei sie allen anderen Epochen als Vorbild vorzuziehen (Quatremère de Quincy 1823(1991)).
Erst gegen Ende geht Quatremère noch auf eine weitere Bedeutung des Begriffs Typ ein. Bei der Begriffsbestimmung könne man „sich auch mit vielen Anwendungsmöglichkeiten [des Begriffs Typ] rechtfertigen, die beispielsweise gewissen handwerklichen Künsten (arts mécaniques) eigen sind. Niemand bestreitet, daß viele Möbel, Geräte, Stühle, Kleider, ihren notwendigen Typus in der Verwendung, die man dafür findet, sowie im natürlichen Gebrauch, zu dem sie bestimmt sind, besitzen. [...] Trotz allem, was der seltsame Geist an diesen Dingen zu erneuern sucht, indem er natürlichsten Instinkten widerspricht – wer würde nicht gleichwohl bei einer Vase die Kreisform einem Polygon vorziehen? Wer glaubt nicht, daß die Form des menschlichen Rückens der Typus einer Rückenlehne eines Sessels sein müsse?" (ibid)
Quatremère läßt eine ähnliche Entwicklung des Typs, wie er sie hier für Gebrauchsgegenstände schildert, auch für die Architektur gelten: „Dies betrifft ebenso in der Architektur eine große Anzahl von Gebäuden. Man kann nicht in Abrede stellen, daß mehrere ihre unabänderliche charakteristische Form dem ursprünglichen Typus verdanken, der sie hervorgebracht hatte." (ibid) Bevor man aus diesen Äußerungen vorschnell auf eine eindeutige Zuordnung von Typus und Funktion schließt, sollte man sich jedoch die Beispiele vor Augen führen, die Quatremère im nächsten Satz für diese Zuordnung erwähnt: „Wir haben dies bezüglich der Gräber und Grabstätten, bei den Stichworten ‚Pyramide' und ‚Tumulus' schon bewiesen." Gerade dort, wo die Funktion am geringsten ist, wo alle Prozesse zum Stillstand

gekommen sind, kann das Bauwerk als genau passende äußerste Hülle eines Sarkophags diese Funktion vollkommen zum Ausdruck bringen. Läßt sich vielleicht nur in diesen ganz elementaren Fällen ein Typus präzise aus der erkalteten Funktion ableiten? Je komplexer und lebendiger die Funktion ist – das scheint Quatremère mit der Wahl dieser Beispiele ausdrücken zu wollen –, desto undeutlicher wird diese Ableitung und desto mehr muß die Motivation des Typs, der im jeweiligen Fall zur Anwendung kommen soll, über das rein Funktionale hinausgehen.

Zusammenfassung

Quatremères Definition des Typusbegriffs ist das Ergebnis der allmählichen Transformation einer Fragestellung, mit der sich die Architekturtheorie seit dem Ende des 17. Jahrhunderts beschäftigt. Die Suche nach einer rationalen Basis der Architektur führte zur Unterscheidung zwischen willkürlichen und positiv feststellbaren Kriterien, wie sie Perrault in der Differenzierung zwischen ‚beauté arbitraire' und ‚beauté positive' vorgenommen hat. Wenn ein Gebäude über ‚solidité, salubrité und commodité' verfügt, dann hat es auch einen gewissen Grad von Schönheit. Alle künstlerischen Kriterien werden der ‚beauté arbitraire' zugeordnet, einem Bereich, wo ‚guter Geschmack' und ‚Charakter' den künstlerischen Freiraum auf ein gesellschaftlich vertretbares Maß eingrenzen sollen. Architektur soll dabei bewußt das Bild der Gesellschaft nachzeichnen, das diese bereits von sich hat.[46]
Die Suche nach den Wurzeln, nach dem Ursprung der Architektur ist die fast zwangsläufige Folge einer solchen relativistischen Eingrenzung. Laugier sucht in der einfachen, ländlichen Hütte einen solchen Ursprung und sieht dort die ‚beauté arbitraire' in der ‚beauté positive' aufgehen: Am Ursprung der Architektur läßt sich für ihn *alle* Schönheit entdecken; die ‚beauté arbitraire' wird zur Schmuckform und damit als zweitrangig eingestuft.
Durand verzichtet schließlich auch auf die archetypische Absicherung, die Laugier in der ‚einfachen, ländlichen Hütte' gesucht hatte. Die Notwendigkeit, das Allgemeine im Einzelnen zur Darstellung zu bringen, löst er durch die Entwicklung einer produktiven Typologie, die alle Formen nicht auf eine bildhafte Urform, sondern auf einen abstrakten Mechanismus zurückführt. Man kann bei Durand in gewisser Weise von einem Versuch sprechen, die Architekturgeschichte zu einem Ende zu bringen: Alle Vergangenheit ist eingefangen in seiner Sammlung historischer Vorbilder (Durand 1800), in

der die bemerkenswertesten Bauten aller Zeiten und Weltgegenden erfaßt sind; alle Zukunft in seinem Entwurfsmechanismus.

In Quatremères Definition des Typus wird Laugiers Ansatz auf ganz andere Art weitergedacht: für *jedes* Ding gebe es einen „Kern, um den sich im Laufe der Zeit die späteren Entwicklungen und Veränderungen [...] abgelagert und aufeinander abgestimmt" hätten (Quatremère de Quincy 1832(1992)). Im Gegensatz zu Durand, der von Laugier nicht den Archetyp an sich, sondern nur dessen strukturelles Prinzip übernimmt, versucht Quatremère, Rationalität und Mythos zu verbinden und damit die Geschichtlichkeit der Architektur zu erhalten. Quatremères Ursprungsmythos handelt jedoch nicht von der Urhütte, die der unverbildete edle Wilde zu seinem Schutz errichtet hätte, sondern vom Urakt der künstlerischen Gestaltung als einer Transformation. Daß Quatremère dabei zwangsläufig die Traditionen von Mimesis und ‚Stoffwechseltheorie' ansprechen muß, verschleiert die Tatsache, daß er diese Ideen nicht nur generalisiert, sondern auf eine neue Ebene bringt. Schöpferisches Handeln ist schöpferisches Erkennen, könnte man Quatremères Position umreißen. Über diesen Gedanken findet er eine Verbindung der Architektur zu Wissenschaft und Philosophie: Auch deren vornehmste Aufgabe sei es, „Ursprung und letzte Gründe zu erforschen". Der ‚Typus' bezeichnet für Quatremère den der Architektur angemessenen Rahmen für diese Forschung.

3 Typ und Stil

Die Diskussion um den Begriff des Typs wurde an der Wende zum 19. Jahrhundert unabhängig vom Begriff des Stils im Sinne einer für eine bestimmte historische Epoche charakteristischen Formensprache geführt. Für Durand ist der Stil eines Gebäudes eine Frage der Konvention, die zumindest für den europäischen Raum eine klassische Ordnung vorschreibt. Quatremère widmet zwar in seinem *Dictionnaire* verschiedenen Stilepochen und Kulturen jeweils eigene Artikel, beispielsweise der ägyptischen, indischen, chinesischen und der gotischen Architektur. Sein Bekenntnis zum Vorbild der griechischen Klassik ist dennoch eindeutig. Es gründet sich, anders als jenes Durands, nicht auf Konvention, sondern auf Prinzipien, die nur in der griechischen Klassik vollkommen erfüllt seien und diese so zum einzig gültigen Vorbild machen.

Trotzdem ist die Entwicklung zum Eklektizismus bereits in den Theorien Quatremères und Durands angelegt. Daß sich Durands Rastersystem für die Verkleidung in unterschiedlichen Kostümen geradezu anbietet, ist offensichtlich. Im Falle Quatremères mag diese Behauptung angesichts seiner explizit klassizistischen Grundposition überraschen. Man braucht jedoch nur ein Vorzeichen in seiner Theorie umzukehren: Seine Definition des Typus als eines Kerns, um den sich im Laufe der Jahrhunderte „die späteren Entwicklungen [...] abgelagert und aufeinander abgestimmt" hätten, kann auch als Andeutung eines kulturellen Werts gelesen werden, der in diesen Ablagerungen zu finden ist. Und genau aus dieser Position heraus – mit primär kulturellen und oft auch politischen Argumenten – wird die Auseinandersetzung zwischen den Stilen im 19. Jahrhundert geführt, wenn sie auch rasch in modische Beliebigkeit abgleitet.

Das Grundmaterial dafür, also die historische Aufarbeitung der Architekturgeschichte, ist ja schon längst verfügbar – man denke nur an Fischer von Erlachs *Entwurf einer Historischen Architektur* – und durch die jüngste kunstwissenschaftliche und archäologische Forschung immer besser aufgearbeitet. Daß gerade jetzt aus diesem Material das ‚Wahnsinnsgebäude' des Eklektizismus wird, von dem Otto Wagner rückblickend spricht, ist verwunderlich. Durand hatte ja noch keinerlei Probleme damit, keinen ‚eigenen' Stil zu haben; er geht davon aus, daß die befriedigende Form aus der ökonomischen und zweckmäßigen Erfüllung von Bedürfnissen hervorgeht; (klassizistisch ist sie, wie wir gesehen haben, nur aus Gründen der Konvention). Aber gerade dieses Dogma wurde unter den Bedingungen des Frühkapitalismus rasch suspekt. Zu leicht läßt sich Durands Prinzip auf jene Formel bringen, die sich in der industriellen Produktion bereits bewährt hat: mit geringstem Aufwand den größten Profit zu erzielen. Das alte Dogma, daß etwas Zweckmäßiges nicht schön sein könne, muß sich unter diesen Umständen zurückmelden: aber eben nicht mehr nur als ‚Stil' im Sinne der ästhetischen Qualität des Gebauten, sondern als ‚die Stile', die nicht nur ästhetische, sondern auch moralische Werte in die architektonische Form hineintragen und diese historisch absichern sollen.

Eine umfassendere Untersuchung dieser Entwicklung, die – vereinfacht gesagt – zwischen einem Historismus, der über die Formensprache an eine historische Periode und deren inneren Wert anknüpfen will, und einem Eklektizismus schwankt, der das ‚Schatzhaus der Geschichte' zum Kulissendepot degradiert, würde zu weit vom Thema ablenken. Es soll hier nur um die Rolle gehen, die der Begriff des Typus bei jenen Ansätzen spielt, die bereits von der Mitte des 19. Jahrhunderts an eine Überwindung des Eklektizismus anstreben, sowie um die Frage, inwieweit dabei die Bedeutung dieses Begriffs gegenüber der Definition Quatremères erweitert wurde.[47]

Werner Oechslin hat in seiner Begriffs- und Wirkungsgeschichte der Begriffe ‚Stilhülse und Kern' (Oechslin 1994) gezeigt, daß die Diskussion um Typ und Stil im 19. Jahrhundert weit mehr ist als nur eine Art Vorspiel zur Moderne nach dem Muster ‚lügnerischer' Stil versus ‚wahrhaftiger' Typ. Zwar lassen sich bei entsprechend tendenziöser Betrachtung Böttichers Unterscheidung zwischen Kernform und Kunstform, Sempers Bekleidungstheorie und die Loossche Forderung nach der Abschaffung des Ornaments in eine geradlinige Entwicklungsreihe bringen, an deren Ende schließlich die von allen Hüllen befreite, reine und ‚wahre' Formensprache der Moderne steht. Schon eine nur etwas genauere Untersuchung zeigt aber, daß die Vertreter der verschiedenen Theorien weit differenzierter an die Probleme herangehen, als es eine solche verkürzte Darstellung wahrhaben will.

In seiner *Tektonik der Hellenen* (1844) sucht Karl Bötticher (1806–1889) unter Schinkels Einfluß jenes „Gesetz der Form" zu beschreiben, welches „hoch über der individuellen Willkühr des werkthätigen Subjekts steht" (Bötticher 1844, p xiv). Die Unterscheidung zwischen Kernform und Kunstform, auf die Böttichers Schrift in der späteren Rezeption oft verkürzt wird, be-

zeichnet dabei nicht die Trennung zwischen darstellender Hülle und verkleidetem Kern, sondern den Versuch, auf begrifflich-abstrakter Ebene die Beziehung zwischen der Kunstform und materiellen Bedingungen zu erklären. Vorbild ist – wie schon so oft in der Geschichte der Architekturtheorie – die Natur: „Das Princip der Hellenischen Tektonik ist nachweisbar ganz identisch mit dem Princip der schaffenden Natur: den Begriff jedes Gebildes in seiner Form auszusprechen" (Bötticher 1844, p xiv). Dieses Prinzip sei in allen Gebilden der griechischen Kultur, vom Monument bis zum kleinsten Gerät erkennbar. Tektonik definiert Bötticher daher allgemein als „die bauliche und geräthe-bildende Werkthätigkeit, sobald dieselbe ihre aus Bedürfnissen des geistigen und physischen Lebens hervorgegangenen Aufgaben *ethisch zu durchdringen* vermag, und sonach nicht allein dem blossen Bedürfnisse durch eine materiell nothwendige *Körperbildung* zu entsprechen, sondern die letztere auch noch zu einer *Kunstform* zu erheben vermag" (ibid).
Hier geht es ähnlich wie bei Quatremère um eine Formübertragung, die aber nicht auf einer materiellen, sondern auf einer rein geistigen Ebene erfolgt. Die Idee einer Ableitung des griechischen Tempels aus einem hölzernen Vorbild ist für Bötticher unhaltbar. „Der Hellenische Bau [...] zeigt sich als ein durchaus idealer Organismus" und ist als solcher „ein Gedachtes, gehört nur der Erfindungskraft der menschlichen Seele an, und hat kein Vorbild in der umgebenden Natur wonach es geschaffen werden könnte" (ibid). Wo Quatremère ohne weitere Erklärung auf die Mimesis-Theorie verweist, geht Bötticher der Frage nach, wie denn die Realisierung des ‚Begriffes jedes Glieds' tatsächlich vor sich geht, und gelangt zu einer beim Konstruktiven ansetzenden Eklärung: „Die Kernform jedes Gliedes ist das mechanisch nothwendige, das statisch fungirende Schema; die Kunstform dagegen nur die funktion-erklärende Charakteristik [...] Erst mit *ihrer* Erscheinung wird der Begriff jedes Gliedes *offenbar*, erhält sein todter Stoff den Reflex eines organisch *Belebten*" (ibid).
Bötticher erklärt die zur Kernform hinzugebildete, „funktion-erklärende Charakteristik" der Kunstform nicht allein über die jeweiligen Glieder, sondern über ihren Zusammenhang, über die wechselseitige Verbindung der Elemente, die so zu einem ‚einzigen untrennbaren Organismus' werden. „Diese Charakteristik versinnbildlicht aber nicht bloß die eigene Wesenheit jedes Gliedes, sondern auch seinen Bezug zu den *anschließenden* Gliedern, sie enthält auch die Junktur der mit ihm wirkenden" (ibid). Aus der Auseinandersetzung mit den Begriffen ‚Strukturteil', ‚Organismus' und ‚Junktur' entwickelt Bötticher Regeln für die Gestaltung der Kunstform. Diese Regeln lassen sich

– trotz der offensichtlichen Bezugnahme auf die griechische Klassik – verallgemeinern und lesen sich in ihrem vitalistischen Ansatz teilweise wie eine vorweggenommene Theorie des Jugendstils.[48]
Was den typologischen Vorgang betrifft, so bleibt Bötticher im Rahmen von Quatremères Definition: das ‚Wesen' einer Sache erkennen und zur Darstellung bringen. Die Beziehung zwischen dem Allgemeinen und dem Besonderen reguliert sich in Böttichers Theorie, indem der Künstler einen objektiv gegebenen (kon)struktiven Zusammenhang *der Form nach* neu erschafft. Mit Verkleidung hat das vorerst gar nichts zu tun, und Bötticher beeilt sich auch darauf hinzuweisen, daß ‚Kern und Hülle aus einem Volumen' gearbeitet sein könnten, wobei ‚die ganze Körperlichkeit des Strukturtheiles so angelegt wird daß die dekorativen Extremitäten aus dem Volumen ektypiert werden können, und dennoch das als struktiv nothwendig erkannte Schema des Kernes vorherrschend festgehalten werde' (ibid, § 4.4.2.). Dieser Gedanke enthält einen beachtenswerten, wenngleich rational nicht aufzulösenden Zirkelschluß: die Körperlichkeit des Strukturteils soll bereits jene „funktionerklärende Charakteristik" berücksichtigen, die ihrerseits erst aus dem Strukturteil abgeleitet werden kann. Das schmälert kaum den Wert der Bötticherschen Theorie: Genau hier liegt ja der Unterschied zwischen ihr und einer aufs Konstruktive reduzierten Interpretation des ‚Form Follows Function' – Prinzips.

Während Bötticher in der griechischen Klassik ein transzendentales Prinzip – eben die Tektonik in ihrer idealen Form – verwirklicht sieht, sucht Gottfried Semper (1803 – 1879) nach einer Begründung von Gestaltungsvorgängen im Wesen des Menschen. Das Kunstwerk, so führt er in den Prolegomena zu seinem Hauptwerk *Der Stil* (Semper 1860(1878)) aus, sei die Reaktion des Menschen auf eine Welt voller geheimnisvoller Kräfte, die er nie ganz enträtseln kann. Aus dieser Spannung heraus entstünde eine Sehnsucht nach Ganzheit, und so zaubere sich der Mensch „die fehlende Vollkommenheit im Spiel hervor, bildet er sich eine Welt im Kleinen, worin das kosmische Gesetz in engster Beschränktheit [...] hervortritt" (ibid, p XXI). Die ursprünglichsten Formen der Kunst seien jene, wo das Gesetz der bildnerischen Natur durch „die Regelmäßigkeit periodischer Raum- und Zeitfolgen hindurchblickt, im Kranze, in der Perlschnur, [...] im Reigentanze, [...] im Takte des Ruders" (ibid). Aus diesem Ursprung lassen sich für Semper drei ‚Gestaltungsmomente' ableiten, durch welche die Formen einheitlich und schön erscheinen: Symmetrie, Proportionalität und Richtung oder Bewegungseinheit, die Semper an natürlichen Phänomenen wie Schneeflocken, Blumen und astronomischen Bewegungen erläutert.

Seine Suche nach den ‚Wurzelformen'[49] der Gestaltung führt zu einer Gliederung in vier Bereiche, in denen der primitive Gestaltungswille des Menschen auf Materialien treffe, deren Widerstand jeweils spezifische Formen der Gestaltung bedinge: textile Kunst, Keramik, Tektonik und Stereotomie. Bestimmend für diese Gliederung sind weniger die unterschiedlichen Materialien, sondern die unterschiedlichen Bearbeitungsweisen: Formung bei der Keramik, Zimmerei in der Tektonik, Weben und Flechten in der textilen Kunst, Schichtung in der Stereotomie. Daraus ergeben sich die primären ‚Typen' der Gestaltung als ursprüngliche, vom Bedürfnis vorgeschriebene Formen: der Herd als „das erste und wichtigste, gleichsam moralische Element der Baukunst", um den sich die drei anderen Elemente – Dach, Umfriedung und Erdaufwurf – schützend gruppieren (Semper 1851, p 55).
Bei der Suche nach Beispielen für diese Kategorien geht Semper historisch weit hinter die griechische Klassik zurück, die für ihn zwar ‚die herrlichste Blüthe, das letzte Bestimmungsziel, der Endbezug eines uralten Bildungsprinzips ist', deren Wurzeln jedoch „gleichsam in dem Boden aller Länder, die von Alters her Sitze gesellschaftlicher Organismen waren, weitverbreitet sind und tief haften" (Semper 1860(1878) § 59). Sein archetypisches Beispiel, in dem die vier Wurzelformen noch in unverwandelter Form zu erkennen sind, ist eine karibische Hütte, deren Modell bei der Londoner Weltausstellung 1851 ausgestellt war. An dieser Hütte ‚treten alle Elemente der antiken Baukunst in höchst ursprünglicher Weise und unvermischt hervor': Sie ist auf einer Erdaufhäufung – der Wurzelform der Stereotomie – errichtet, Stützen und Dach sind Produkte der Tektonik, die Wände geflochten, der Herd aus Ton geformt.
Diese Urhütte scheint sich nicht wesentlich von Laugiers einfacher, ländlicher Hütte zu unterscheiden, auch wenn es sich bei Semper um ein „höchst realistisches Exemplar aus der Ethnologie" handelt, wie er nicht ohne Stolz auf die damit verbundene wissenschaftliche Beweiskräftigkeit feststellt. Ein Unterschied muß jedoch festgehalten werden: Laugier geht es um die abstrakte Struktur seines Archetyps, aus der er die wesentlichen Grundelemente der Baukunst gewinnt; in Sempers Archetyp ist der strukturelle Zusammenhang der Elemente zweitrangig, sie scheinen sich als Repräsentanten unabhängiger Prinzipien in einem Objekt zusammenzufinden. Damit gewinnt Semper ein neues Bewertungkriterium, nämlich die Art, wie diese Elemente zueinander in Harmonie gebracht werden. In der chinesischen Baukunst, neben den „Hütten der Wilden den Motiven nach die ursprünglichste, die wir kennen", würden die drei äußeren Elemente (Dach, Umfriedung, Erdaufhäufung) „in strenger Abgeschiedenheit unverbunden nebeneinander auf[treten]" (Semper,

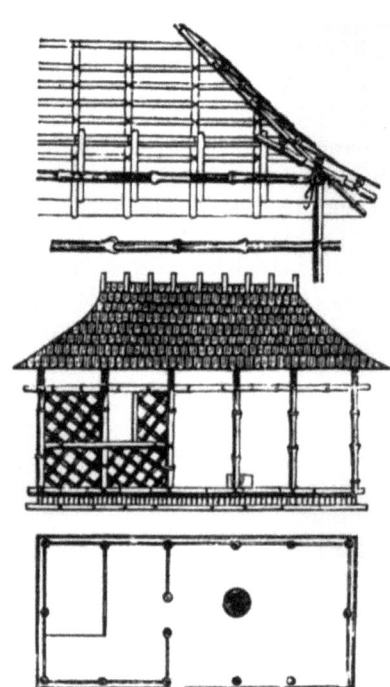

10 Karibische Hütte, Illustration aus
Gottfried Semper, Der Stil

1851, p 74). Bei den Griechen würden dagegen „in unübertroffener, nie erreichter Harmonie die vier Elemente der Baukunst zu Einem [sic!] großen Ziele zusammen[wirken]" (ibid, p 93). Dieses *Zusammenwirken* unterscheidet Semper vom *Ineinander-Aufgehen* der Einzelheiten, durch welches die barbarischen Monumente gekennzeichnet seien (ibid p 7). Die Harmonie bei den Griechen sei dagegen „durch ein freies und doch gebundenes Zusammenwirken gleichberechtigter Elemente geschehen, durch eine Demokratie in den Künsten" (ibid p 8).

Semper glaubt dennoch, eines seiner vier formprägenden Verfahren an den Ursprung der Entwicklung der eigentlichen Baukunst stellen zu können. Im Kapitel über das ‚Prinzip der Bekleidung' stellt er den geflochtenen Raumabschluß ganz unabhängig von jeder Primärkonstruktion als formelles Prinzip der Baukunst dar: „Die Gerüste welche dienen, diese Raumabschlüsse zu halten, zu befestigen und zu tragen sind Erfordernisse, die mit Raum und Raumesabtheilung nichts zu tun haben. Sie sind der ursprünglichen architektonischen Idee fremd und zunächst keine formenbestimmenden Elemente" (ibid, § 60). Erst nachdem das „Mysterium der Transfiguration des an sich ganz materiellen struktiv technischen Vorwurfs, den die Behausung bot, in die monumentale Form vollendet war und die eigentliche *Baukunst* daraus entstand" (ibid), kann sich das Prinzip der Bekleidung auch im Außenbau manifestieren, nicht als Raumabschluß, sondern als Schmuck eines festlichen Schaugerüsts, das teppichgeschmückt und blumenbehangen zum Typus des dauerhaften Denkmals und damit des Monumentalbaus wird.

Im Gegensatz zu Böttichers völlig abstrakter Theorie, die kaum als Handlungsanleitung für Entwerfende brauchbar ist, sind Sempers Gedankengänge – und hier vor allem das Prinzip der Bekleidung – durchaus konkret umsetzbar. Manche seiner eigenen Bauten lassen sich als ‚Transfiguration' von Wurzelformen lesen, obwohl Sempers Glaube an die Kontinuität der Renaissance stets formbestimmend bleibt.[50] Deutlicher umgesetzt findet sich das Prinzip der Bekleidung bei Otto Wagner, wo die Metapher vom verhüllten Festgerüst etwa bei der Wiener Postsparkasse sowohl im gesamten Aufriß als auch im Detail der Steinverkleidung aufgenommen ist. Und noch Adolf Loos begründet sein Prinzip, daß der Architekt von innen nach außen zu planen habe, mit einer Anleihe bei Sempers Bekleidungstheorie.[51]

Nun ist das aber derselbe Loos, dem man ja gern die endgültige Befreiung der reinen Form von der stilistischen Hülle zuschreibt. Schon diese Tatsache sollte Zweifel daran wecken, daß man aus der Überwindung von Sempers Bekleidungstheorie geradlinig zur schmucklosen Form der Moderne, zum wahren Kern, beziehungsweise zum endlich freigelegten und seinen kon-

struktiven Aufbau zeigenden ‚Festgerüst' gelangen könnte. Das publizistische Spiel mit den Metaphern von ‚Stilhülse' und ‚Kern' mag zur Durchsetzung der Ziele der Moderne beigetragen haben, seine theoretische Relevanz sollte aber man nicht überschätzen.[52]
Sempers bleibender Beitrag scheint – einmal vorausgesetzt, daß es einen architekturtheoretischen Diskurs gibt, der nicht nur aus Mißverständnissen und Verkürzungen besteht – weniger in der Bekleidungstheorie, sondern in der Theorie der Bearbeitungsformen und der aus ihnen resultierenden Beziehung zwischen Material und Form zu liegen. Man muß diese Theorie nicht nur als Ursprungsmythos lesen, sondern auf die konkrete Entwurfssituation beziehen – nicht zuletzt unter den Bedingungen der industriellen Produktion, die ja zur Zeit Sempers alle Bearbeitungsformen grundlegend veränderte. Semper hat einen solchen Schritt zur Aktualisierung seiner Theorie, der zum Beispiel für die Metallarchitektur naheliegend gewesen wäre, nicht oder nur sehr zögerlich getan (der Metallarchitektur räumt er *vorübergehend* eine große Bedeutung ein, aber er fürchtet offenbar den geringen Widerstand, den dieses Material als Gußeisen einer Bearbeitung entgegensetzt). Dennoch bleibt ihm das Verdienst, erstmals das ‚Machen' ins Zentrum einer umfassenden Architekturtheorie gestellt zu haben, und nicht die Wirkung auf den Betrachter oder das Herausarbeiten eines platonischen Ideals. Seine ‚Typen' betrachtet er als Ergebnisse eines Formungspozesses, der umfassender ist als jener rein geistig-abstrakte Vorgang, als den Quatremère Typologie verstanden hatte. In diesem Sinn wertet auch Joseph Rykwert die Leistung Sempers: „Unschätzbar und aktuell erscheint mir Sempers bedeutende Einsicht in die Art und Weise, wie Künstler und Handwerker das, was sie denken, auf das beziehen, was sie tun, eine Einsicht, die bei ihm nur durch seinen eigenen kraftlosen Glauben an die Renaissance als Bewegung und als Stil verdunkelt wird. Zu einer Zeit konzipiert, als Denken und Tun in verheerender Weise auseinandergerissen wurden, enthält die Sempersche Theorie vielleicht einen Hinweis darauf, wie beide einander wieder anzunähern sind." (Rykwert 1983, p 230)

4 Der industrielle Prototyp:
Form, Funktion und Perfektion

Semper hatte sich über die Möglichkeit, einen neuen Stil zu *erschaffen*, stets äußerst zurückhaltend geäußert. Die Bedingungen dafür seien nicht vom Künstler zu beeinflussen, sondern nur von der Gesellschaft. „Gebt uns eine neue Gesellschaft, und die Architektur wird ihr nichts schuldig bleiben", schreibt er in *Wissenschaft, Industrie und Kunst* (Semper 1852(1966)). Der Optimismus, den die nachfolgende Generation in dieser Hinsicht an den Tag legt, ist dagegen enorm. Hermann Muthesius beschreibt 1911 rückblickend die „Kampfzeit" der kunstgewerblichen Bewegung, die mit den „Formverwilderungen" im Gewerbe aufgeräumt hätte: „Der glückliche Verlauf der kunstgewerblichen Bewegung, die die innere Ausstattung unserer Räume neu gebildet, die den Spezialgewerben neues Leben eingehaucht hat und der Architektur fruchtreiche Anregung gegeben hat, kann nur als kleines Vorspiel dessen betrachtet werden, was noch kommen muß. [...] Wir können uns aber nicht damit begnügen, das Sofakissen und den Stuhl in Ordnung gebracht zu haben, wir müssen weiter denken. In Wahrheit beginnt erst jetzt, zugleich mit dem Eintritt in die Friedensära, die eigentliche Arbeit des deutschen Werkbunds" (Muthesius 1911(1984)).
Das Mittel dazu ist für Muthesius die „Typisierung", mit der das allgemeine Formniveau gehoben werden könne. „Die Architektur und mit ihr das gesamte Werkbundschaffen drängt nach Typisierung und kann nur durch sie diejenige allgemeine Bedeutung wiedererlangen, die ihr in Zeiten harmonischer Kultur eigen war [...] Nur mit der Typisierung, die als Ergebnis einer heilsamen Konzentration aufzufassen ist, kann wieder ein allgemein geltender, sicherer Geschmack Eingang finden" (Muthesius 1914(1984)). Bemerkenswert ist, daß Muthesius den Typus als schlagartiges Produkt einer „heilsamen Konzentration" hervorgehen sieht und nicht mehr als Kondensat einer komplexen kulturellen Entwicklung. Er bezieht sich damit bereits auf die Methode der Typisierung in der Industrie, deren Erfolgsprinzip gegenüber dem Handwerk ja auch in der Konzentration aller Kräfte besteht. Der Begriff der Typisierens bezeichnet bei Muthesius eine bestimmte Methode der Verbreitung und

Durchsetzung ästhetischer Ziele, die vom Künstler (oder der Künstlergemeinschaft als institutionalisierter Form von Genie) der Gesellschaft vorgegeben werden. Schon Henry van de Velde hat in seiner Antwort auf Muthesius den Widerspruch aufgedeckt, in den dieser gerät, wenn er die industrielle Methode des Typisierens mit der Auffassung von Typus vermischt, wie sie bisher in der Architekturtheorie gegolten hatte: „Wir wissen, daß mehrere Generationen an dem noch arbeiten müssen, was wir angefangen haben, ehe die Physiognomie des neuen Stils fixiert sein wird, und daß erst nach Verlauf einer ganzen Periode von Anstrengungen die Rede von Typ und Typisierung sein kann" (Van de Velde 1914(1984)). Das ist aus der Perspektive des Künstlers gesprochen, der die Freiheit des Genies verteidigen möchte (vor allem des Deutschen Genies, denn Deutschland besitze „den großen Vorzug, noch Gaben zu haben, die anderen älteren, müderen Völkern abgehen, die Gaben der Erfindung nämlich, der persönlichen geistreichen Einfälle" (ibid)). Die Kontroverse zwischen Muthesius und Van de Velde bezieht sich freilich nur auf die Methode zur Durchsetzung ästhetischer Ideale. Im Prinzip, daß nur die Vergeistigung des technischen Objekts durch die Kunst zu einem „überzeugenden Stilausdruck" führen könne, sind sich beide einig: „Weit wichtiger als das Materielle ist das Geistige, höher als Zweck, Material und Technik steht die Form [...] Dem wirklich kultivierten Menschen bereiten Roheiten der Form fast körperliche Schmerzen, er hat ihnen gegenüber dasselbe Unbehagen, das ihm Schmutz und schlechter Geruch verursachen." (Muthesius 1911(1984)) Mit dieser extremen Gegenposition zu Sempers „kunstmaterialistischer" Auffassung geht Muthesius sogar über Alois Riegls Kritik an Semper hinaus, der mit seiner Theorie vom „Kunstwollen" die idealistischen Strömungen in der Kunsttheorie der Jahrhundertwende geprägt hat. Riegl lehnt Sempers Theorien zwar dezidiert als „Dogma materialistischer Metaphysik" ab; wenn er aber davon spricht, daß das „Kunstwollen [...] sich im Kampfe mit Gebrauchszweck, Rohstoff und Technik durchsetzt" (Riegl 1901(1927), p 9), ist diese Haltung differenzierter als die völlige Vergeistigung, die in den Werkbundzielen ausgesprochen wird. Gropius schreibt 1913 im *Jahrbuch des Deutschen Werkbunds*: „Das technisch überall gleich vorzügliche Ding muß mit geistiger Idee, mit Form durchtränkt werden" (zit. nach (Kruft 1985)). Die Welt der reinen künstlerischen Idee und die Welt der materiellen Produktion sind ihrem Wesen nach voneinander getrennt. Der künstlerische Einfall ist das Licht, das die dunkle und dumpfe Welt der Produktion erhellen soll.

Damit fällt letztlich doch wieder alles auf den Künstler mit den „persönlichen, geistreichen Einfällen" zurück, von dem Van de Velde gesprochen hatte. Entsprechend argumentiert auch die Kritik an Kunstgewerbe und Werkbund in einer ähnlichen Weise, wie wir sie bereits in der Architekturtheorie des 18. Jahrhunderts kennengelernt haben. Schon Laugier hatte ja in seinem Essay die ‚beklagenswerten Launen' der Architekten, denen die Architektur ausgeliefert sei, angeprangert und seine einfache ländliche Hütte von einem unverbildeten, ursprünglichen Menschen, einem ‚edlen Wilden' errichten lassen. Ganz ähnlich klingt es, wenn die schärfsten Kritiker von Kunstgewerbe und Werkbund zu Beginn des 20. Jahrhunderts analog zu Laugiers ‚edlem Wilden' ihre eigenen, zeitgemäßen Vorbilder suchen. Für Loos ist das der Handwerker, den er immer wieder den „entwurzelten und verbildeten", kurz „überflüssigen" Kunstgewerblern seiner Zeit gegenüberstellt. Für Corbusier ist es der Ingenieur, der den Architekten durch seine Produkte – Schiffe, Flugzeuge, Automobile – die Augen öffnet, die längst „zu sehen verlernt" haben. Und für Hannes Meyer ist es ganz allgemein der Wissenschaftler, der das Bauen von den zweifelhaften „Affektleistungen des Künstlers" befreit und in einen „biologischen Vorgang" verwandelt. Im einzelnen sind die Unterschiede zwischen diesen Positionen freilich beträchtlich, und selbst dort, wo Corbusier und Meyer anscheinend unisono von Typenbildung sprechen, prallen materialistische und idealistische Anschauungen aufeinander. Am deutlichsten aus der Reihe fällt freilich Loos. Gerade deswegen empfiehlt es sich, bei einem Vergleich der Positionen von Le Corbusier, Meyer und Loos mit letzterem zu beginnen. Weil er sich so schlecht in eine geradlinige Erfolgsgeschichte der Moderne einfügen läßt, läßt er deren Widersprüche schon deutlich vorausahnen.

Architektur und Handwerk

„Unsere erziehung beruht auf der klassischen bildung. Ein architekt ist ein maurer, der latein gelernt hat" (Loos 1931(1982), p 177) – auf der formalen Ebene verweist dieser Satz auf den Klassizismus, der in der Looschen Architektur immer latent vorhanden ist. Architekturtheoretisch geht es aber nicht um eine stilistische Präferenz, sondern um das Wesen der architektonischen Arbeit.

Wenn Loos den Handwerker als Vorbild für den Architekten bezeichnet, will er damit keineswegs die Produktionsbedingungen eines idealisierten Mittelalters beschwören, wie das William Morris, John Ruskin und – freilich mit fast konträren Absichten – Walter Gropius getan haben. Morris und Ruskin ging es um Reform und Rettung des Handwerks vor der Bedrohung durch die Industrie. Gropius kennt dieses Feindbild nicht, ihm geht es um die Wiederherstellung des „Einheitskunstwerks" im Kontext der neuen industriellen Situation, um die „Wiedervereinigung aller werkkünstlerischen Disziplinen" (Gropius 1919). Weil „Architekten, Maler und Bildhauer Handwerker im Ursinn des Wortes" sind, müßten sie alle „wieder zum Handwerk zurück" (ibid).

Für Loos ist der Handwerker aus einem ganz anderen Grund interessant, nämlich wegen der Beziehung zwischen dem Gestalter und seinem Produkt. Dem Handwerker geht es nicht um die Außergewöhnlichkeit, sondern um die Vollkommenheit seiner Produkte. Daher prüft er zwar Lösungen, die sich über Generationen bewährt haben, im Hinblick auf neue Bedingungen und Bedürfnisse und verbessert sie gegebenenfalls. Wo es aber nichts zu verbessern gibt, behält er eine Form über Jahrhunderte bei. Natürlich gebe es eine Entwicklung der Gebrauchsgegenstände, aber sie erfolge ohne bewußte gestalterische Absicht: „Der handwerker schafft die form unbewußt. Die form wird durch die tradition übernommen und die veränderungen, die während des lebens des handwerkers sich vollziehen, sind nicht von seinem willen abhängig. [...] An seinem lebensabend macht der meister andere schuhe als in seiner jugend. Wie ja auch seine handschrift im laufe von fünfzig jahren eine andere geworden ist." (ibid p 180)

Loos fordert daher auch von den Architekten nicht Originalität, sondern beharrliche Wiederholung: „Genug der Originalgenies! Wiederholen wir uns unaufhörlich selbst. Ein Haus gleiche dem andern!" (Kulka 1931(1979), p 19) Die Wiederholung, von der Loos hier spricht, ist freilich kein passives Kopieren: „Kein Mensch kann ein Werk wiederholen. Jeder Tag schafft den Menschen neu und der neue Mensch ist nicht imstande, das zu arbeiten, was der alte schuf. Er glaubt das zu arbeiten, was der alte schuf und es wird etwas Neues. Etwas *unmerklich Neues.*" (ibid p 25) Neues entsteht für Loos nicht im modischen Wechsel, sondern durch die Entwicklung der Technik oder durch neue Bedürfnisse, die Löcher in die Tradition reißen. Dieser Haltung versucht er in seiner eigenen Arbeit zu folgen, etwa wenn

11 er für seine Speisezimmer Kopien von Sesseln aus dem 18. Jahrhundert verwendet. Seine Begründung: „Der Chippendale-sessel ist so vollkommen, daß er in jeden raum, der nach Chippendale entstanden ist, hineinpaßt." (Loos 1931(1982), p 216) Der Sessel, den Loos 1913 für das Café Capua entwirft,

12 ist dagegen eine kreative Nachahmung im oben genannten Sinn, angepaßt

11 Handwerkskopie eines Chippendale-Sessels, Josef Veillich, Postkarte mit eigenhändiger Preisangabe Veillichs

12 Sessel für das Café Capua, Adolf Loos

Sinn, angepaßt an die Bedingungen der Massenproduktion und die speziellen Bedürfnisse eines öffentlichen Raums.

Es geht Loos also keineswegs um „Zeitlosigkeit" im Sinne der ewigen Gültigkeit eines Idealtyps. Jede Form kann ihre Berechtigung verlieren. Loos fordert daher die radikale Konzentration auf die Gegenwart.[53] Der Handwerker gestalte zwar *in* der Tradition, aber nicht *für* die Tradition, und natürlich noch viel weniger für eine utopische Zukunft. Dazu braucht es freilich Vertrauen in die Kraft der Gegenwart, also einen grundsätzlichen Kulturoptimismus, zu dem sich Loos trotz seiner scharfen Kulturkritik bekennt: „Jawohl, unsere Zeit ist schön, so schön, daß ich in keiner anderen leben wollte. [...] Es ist eine Lust zu leben." (Kulka 1931(1979), p 25)

Wenn Loos dem Architekten den Handwerker als Vorbild empfiehlt, ist das also ein Appell, aus der Gegenwartserfahrung heraus an der Vervollkommnung der Dinge zu arbeiten. Das Problem von Material und Form, das für den Werkbund so zentral war, wird von Loos aus der Reflexion herausgenommen und im gestalterischen Handeln aufgelöst. Ein Handwerker, der einen Sattel herstellt, muß etwas „vom reiten, vom pferde, vom leder und von der arbeit verstehen" (Loos 1931(1982), p 25). Und weil der Handwerker als Handelnder in seiner Aufgabe aufgeht, brauche er auch keine Phantasie, die ihm zum Material noch die Form hinzugeben müßte.

Was läßt sich dann aber konkret über die Vollkommenheit oder Unvollkommenheit eines Gegenstands aussagen? Loos beruft sich in seiner Definition auf den Albertischen Begriff der *concinnitas:* Vollkommen sei eine Sache, der man, ohne ihr zu schaden, nichts wegnehmen oder hinzufügen könne[54] (Kulka 1931(1979), p 22). Concinnitas bezeichnet bei Alberti freilich ein absolutes Gesetz, nach dem alles geschaffen sei, was die Natur hervorbringt. In diesem Sinn ist sie als ‚innere Übereinstimmung' zu verstehen und nicht – etwa in einer funktionalistischen Interpretation – als die Übereinstimmung zwischen der inneren Struktur einer Sache und den äußeren Bedingungen. Offensichtlich geht es auch Loos um diese „innere" Gesetzmäßigkeit. Im Gegensatz zu den Häusern der „entwurzelten und verbogenen" Architekten seien die Häuser der Bauern „von gott gemacht" und „so schön, wie es die rose oder die distel, das pferd oder die kuh sind" (Loos 1931(1982), p 91). Anders als bei Alberti ist die „innere Übereinstimmung" hier aber kein universelles Gesetz, sondern nur innerhalb des jeweiligen kulturellen Kontexts erreichbar. Formen und Funktionen stehen für Loos in einer dynamischen, wechselseitigen Beziehung, deren Medium die kulturelle Entwicklung ist[55]: „Der einzelne Mensch ist unfähig, eine Form zu schaffen. Der Architekt versucht dieses Unmögliche aber immer und immer wieder – und immer mit negativem Erfolg. Form oder Ornament sind das Resultat der unbewußten Gesamtarbeit der Menschen eines ganzen Kulturkreises. Alles andere ist Kunst. Kunst ist der Eigenwille des Genius. Gott gab ihm den Auftrag dazu" (Kulka 1931(1979), p 19).

Daß Architektur – bis auf Grabmal und Denkmal – nicht zu den Künsten gehöre, begründet Loos mit der unterschiedlichen sozialen Funktion von Kunstwerk und Bauwerk. „Das Haus hat allen zu gefallen. Zum Unterschiede vom Kunstwerk, das niemandem zu gefallen hat [...] Das Kunstwerk will die Menschen aus ihrer Bequemlichkeit reißen. Das Haus hat der Bequemlichkeit zu dienen [...] Das Kunstwerk weist der Menschheit neue Wege und denkt an die Zukunft. Das Haus denkt an die Gegenwart." (ibid p 19) Es ist wichtig zu erkennen, daß Loos bei dieser Bestimmung einen Kunstbegriff verwendet, in dem Vollkommenheit im Sinne der Albertischen *concinnitas* keine Rolle mehr spielt. Es ist jener Kunstbegriff, der sich seit dem Ende des 18. Jahrhunderts etabliert hat: Das Genie als höchste Steigerung und zugleich Auflösung des modernen Individualitätsbegriffs gibt der Gesellschaft die geistige Richtung vor. Das Werk des Genies muß daher *einzigartig*, aber nicht mehr „vollkommen" sein.

Loos bekennt sich durchaus zu dieser Bedeutungsverschiebung des Kunstbegriffs, stellt aber zugleich fest, daß die Architektur sie nicht mitmachen könne. Das Kunstwerk dürfe und müsse sich jede Freiheit nehmen, um die Gesellschaft *voran* zu bringen – hofft zumindest Loos –, das Haus dagegen habe so viel Freiheit wie möglich zu geben. Der Sprung in die Moderne verlangt von der Architektur den Verzicht auf ihre Zugehörigkeit zum Bereich der Kunst. Indem sie sich als Evolution des Handwerks versteht, soll sie aber weiterführen, was die Kunst spätestens zu Beginn unseres Jahrhunderts endgültig hinter sich lassen mußte – das Streben nach Vollkommenheit. Dieses Streben verwirklicht sich bei Loos freilich ganz und gar unspektakulär: Konzentration auf die Bedingungen und Bedürfnisse der Gegenwart, beharrliche Wiederholung, langsame Verbesserung. Innovation ist nie Selbstzweck, sie ergibt sich für Loos von selbst, wenn sich die Bedingungen ändern. In einem Aufsatz über *Möbel und Menschen* heißt es dazu: „Zur zeit David Roentgens gab es so moderne menschen, wie es heute nur unsere ingenieure und unsere schneider sind. Menschen, die das beste schaffen wollen, ohne zu wissen, was modern ist. Denn das wissen darum schließt die modernität aus!" (Loos 1931(1982), p 211)

Architektur und Wissenschaft

Der Ingenieur, den Le Corbusier Architekten als Vorbild empfiehlt, würde es sich dagegen kaum gefallen lassen, mit den Schneidern in einem Atemzug genannt zu werden[56]: „Beraten durch das Gesetz der Sparsamkeit und geleitet von Berechnungen, versetzt [er] uns in Einklang mit den Gesetzen des Universums. Er erreicht die Harmonie" (Le Corbusier 1923(1984), p 56). Bei den Gesetzen des Universums handelt es sich für Le Corbusier im Wesentlichen um die Gesetze der Geometrie: „Die Ingenieure verwenden, da sie auf dem Wege der Berechnung vorgehen, geometrische Formen und befriedigen unsere Augen durch die Geometrie und unseren Geist durch die Mathematik" (ibid). Analog dazu gilt Le Corbusiers Leidenschaft geometrischen Elementarformen, regulierenden Liniennetzen und Proportionsregeln. Geometrie ist dabei natürlich weit mehr als eine praktische Notwendigkeit: „Demnach ist unsere ganze Gegenwartsepoche eine ausnehmend geometrische; ihre Träume ziehen aus nach den Freuden der Geometrie. Die modernen Künste und das moderne Denken suchen [...] ihr Heil jenseits der zufälligen Tatsachen, und die Geometrie führt sie zu einer mathematischen Ordnung, zu einer mehr als verallgemeinernden Haltung" (Le Corbusier 1925(1984), p 85).

Corbusier verlangt daher auch für die Architektur eine „sehr weit getriebene und zum Ideal erhobene Exaktheit" (ibid). Seine *Fünf Punkte zu einer Neuen Architektur* versteht er als theoretische Grundlage für ein „absolut neues Bauen", und gleich zu Beginn heißt es, daß hier die Probleme „auf wissenschaftlichem Wege" gelöst werden sollen (Le Corbusier and Jeanneret 1926 (1984), p 93). An anderer Stelle, in den *Leitsätzen des Städtebaus*, verlangt Le Corbusier ein „Theoriegebäude von äußerster Strenge" zur Formulierung der Grundprinzipien des neuen Städtebaus (Le Corbusier 1925(1984), p 89). Offensichtlich soll die Architektur auf ein zeitgemäßes methodisches Niveau – auf jenes der Ingenieurwissenschaften – gehoben werden.[57]

Aber wieweit will Le Corbusier diese Analogie zwischen Gestaltung und Ingenieurwissenschaften tatsächlich gelten lassen? Daß sowohl die Maschine als auch das Haus exakten geometrischen Gesetzen entsprechen sollen, ist die eine Seite. Aber welche formenden Kräfte stehen hinter dieser Geometrie, und wie sind sie zu beherrschen? In dieser Hinsicht denkt Corbusier in Kategorien, die weit außerhalb der ingenieurwissenschaftlichen Methoden liegen. Bezeichnend dafür ist eine Passage aus den *Leitsätzen des Städtebaus*: „Autos, Autos, schnell, schnell! Man ist erschlagen, die Begeisterung will uns mitreißen, die Freude. Nicht jene Begeisterung, unter den Strahlen der

Bogenlampe die blitzenden Karosserien leuchten zu sehen. Nein, die Freude an der Kraft. Reine und kindliche Freude, im Mittelpunkt der Kraft und der Macht zu weilen. Man hat teil an dieser Macht. Man ist ein Glied dieser Gesellschaft, deren Morgen dämmert. Man faßt Vertrauen zu dieser neuen Gesellschaft: sie wird den großartigen Ausdruck für ihre Kraft finden. Man glaubt an sie. Ihre Kraft gleicht einem Bergstrom, von Wolkenbrüchen geschwellt: Furie der Zerstörung" (Le Corbusier 1925(1984), p 86).
Die blitzenden Karosserien unter den Bogenlampen stehen für die Freuden der Geometrie, für das Spiel der reinen Formen unter dem – in diesem Fall künstlichen – Licht. Aber diese cartesianische Klarheit ist eben nur die eine Seite. Denn Le Corbusiers eigentliche Begeisterung gilt offensichtlich der Kraft, mit der sich die neuen Formen ungehindert Bahn brechen.[58] Diese Kräfte sind zwar gesellschaftlichen Ursprungs, aber in Le Corbusiers Darstellung erhalten sie den unausweichlichen Charakter von Naturgesetzen. Die Kunst wird nicht nur unabhängig von der Evolution der Kultur, sondern sogar zu einer „Furie der Zerstörung" für alle Traditionen. Das Ergebnis ist eine – von allen zeitgebundenen kulturellen Bedingungen – autonome Architektur, die nur noch universellen Gesetzen zu gehorchen hat.[59]
Le Corbusier steht damit dem theosophischen und anthroposophischen Gedankengut, das über Kandinsky das Bauhaus, über Doesburg und Mondrian die Stijl-Bewegung und so insgesamt die frühe moderne Architektur wesentlich beeinflußt hat, viel näher als den tatsächlichen ingenieurwissenschaftlichen Methoden seiner Zeit. Wenn er nach den unverbrüchlichen Gesetzen des künstlerischen Schaffens, die den Naturgesetzen entsprechen sollten, sucht, ist das genau jene Aufgabe, die sich schon Kandinsky unter dem Einfluß Rudolf Steiners gestellt hatte (Rykwert 1983, p 73). Le Corbusiers Begeisterung bezieht sich auf die Ästhetik des technischen Objekts; gegenüber den ingenieurwissenschaftlichen Methoden bleibt er auf zunächst respektvoller, in seinem späteren Werk deutlicher Distanz.
Es ist das Bauhaus, wo schließlich die radikale Verwandlung der Architektur in eine wissenschaftliche Disziplin postuliert wird. Nachdem schon Walter Gropius die Exaktheit der industriellen Produktionsprozesse als wesentlich für eine neue Architektur erkannt hatte,[60] geht sein Nachfolger als Direktor des Bauhauses, Hannes Meyer, einen entscheidenden Schritt weiter. 1928, in seiner Antrittsvorlesung, stellt er eine Formel auf, in der das Haus tatsächlich – und nicht nur symbolisch wie bei Le Corbusier – auf eine Wohnmaschine reduziert ist: „alle dinge dieser welt sind ein produkt der formel: (funktion mal ökonomie)" (Meyer 1928(1984), p 110). Meyer betrachtet das Bauen dabei konsequent als Anwendung wissenschaftlicher Methoden:

„wir untersuchen den ablauf des tageslebens jedes hausbewohners, und dieses ergibt das funktionsdiagramm [...], wir erforschen die menschlichen und die tierischen beziehungen zum garten [...], wir errechnen die sonneneinfallswinkel im jahreslauf [...], die optischen und akustischen beziehungen zum nachbarhaus werden sorgfältig gestaltet" (ibid). Selbst die Details des Innenausbaus werden mit Hilfe psychologischer Verfahren ermittelt: „wir kennen die atavistischen neigungen der künftigen bewohner zu unseren bauhölzern und wählen je nachdem als innenverkleidung des genormten montagehauses die flammige kiefer, die straffe pappel, das fremde okumé oder den seidigen ahorn" (ibid p 111).

Mit diesen Forderungen scheint Meyer auf den ersten Blick tatsächlich an eine wissenschaftliche Fundierung der Architektur heranzukommen.[61] Architektur sei weder „affektleistung des künstlers" noch „fortführung der bautradition", sondern eine reine Organisationsaufgabe: „das neue haus ist [...] ein industrieprodukt und als solches ist es ein werk der spezialisten: volkswirte, statistiker, hygieniker, klimatologen, betriebswissenschafter, normengelehrte, wärmetechniker ... der architekt? ... war künstler und wird ein spezialist der organisation!" (ibid) Dieser Architekt ist der radikale Antipode zum Handwerker. Er berührt nichts mehr, er hat als reiner Organisator mit dem eigentlichen Gestaltungsprozeß nichts mehr zu tun.

Von den Wissenschaftlern auf Meyers Liste ist einer besonders hervorzuheben: der „Normengelehrte". Er verwaltet das kondensierte Wissen, das die anderen Spezialisten erworben haben und gießt es in Regeln, die – ähnlich wie früher die Tradition – auf das Bauen stabilisierend wirken sollen. Im Begriff des Normengelehrten ist zumindest ein unbewußtes Wortspiel mit den Begriffen Form und Norm versteckt: die wissenschaftlich begründete Form wird zur Norm, der Formengelehrte – als der sich der Architekt einmal verstehen durfte – wird ersetzt durch einen Normengelehrten. Le Corbusiers edler Wilder, der als Ingenieur den Dingen unbelastet von tradierten Vorurteilen auf den Grund gehen sollte, ist gezähmt. Er bringt die Architektur nicht mehr in Einklang mit den Gesetzen des Universums, sondern mit jenen der Normungsinstitute und den Bedürfnissen der Industrie.

Handwerk, Wissenschaft und Typologie

Die Forderung, Architektur auf eine wissenschaftliche Basis zu stellen, hat offensichtlich sehr unterschiedliche Konsequenzen: Bei Le Corbusier führt sie zum Konzept einer autonomen Architektur, bei Meyer zur völligen Abschaffung der Architektur als eigenständiger Disziplin. In einer Hinsicht scheinen beide Ansätze jedoch wieder zueinanderzufinden: Sprechen nicht beide von der unbedingten Notwendigkeit der Typisierung? Meyer bezeichnet das Haus als „industrie-normen-produkt" (Meyer 1928(1984), p111), für Le Corbusier ist Baukunst überhaupt gleichzusetzen mit „Typenbildung" (Le Corbusier 1923(1984), p 58). In den zwanziger Jahren ist der Typ freilich schon längst ein Modebegriff, der für sich allein nicht mehr viel bedeutet. Le Corbusier und Meyer müssen sich daher um inhaltliche Präzisierungen bemühen, und dabei zeigt sich, daß ihre Positionen auch hier grundsätzlich voneinander abweichen.

Für Meyer ist das Haus vergleichbar mit anderen, durch Normen geregelten industriellen Produkten. Seine Position ist damit zwiespältig: auf der einen Seite das leidenschaftliche Plädoyer für eine wissenschaftliche Methode der Bauproduktion, auf der anderen Seite die Forderung nach einem die Baupraxis stabilisierenden Mechanismus in Form von Typologien, Standards und Normen. Nun stehen derartige Gliederungssysteme an sich nicht im Widerspruch zu wissenschaftlichen Methoden. Aber anders als in den modernen Naturwissenschaften, bei denen diese Systeme nur die notwendige Voraussetzung für die Erkenntnis größerer Zusammenhänge sind und daher wissenschaftsgeschichtlich den Beginn einer Disziplin markieren[62], sind sie in Meyers Vorstellung gewissermaßen das kondensierte Resultat wissenschaftlicher Bemühungen für den praktischen Gebrauch. Anders als etwa Durand, dessen typologisches System oft als Vorläufer der Serienproduktion und des technokratischen Funktionalismus der Zeit nach dem Zweiten Weltkrieg bezeichnet wird[63], entwickelt Meyer keinen Ansatz einer Gestaltungswissenschaft. Typologie ist bei Durand eine das Schöpferische vorbereitende Abstraktion, bei Hannes Meyer dagegen eine bürokratische Leistung. Die Neufertsche *Bauentwurfslehre* (Neufert 1936), wenige Jahre nach Meyers programmatischem Bauhaus-Vortrag erstmals erschienen, ist das folgerichtige, wenn auch nicht unbedingt beabsichtigte Resultat seines Ansatzes.

Le Corbusiers Typusbegriff unterscheidet sich grundlegend von dieser Haltung. Zwar fordert auch er in seinen Texten aus den zwanziger Jahren die industrielle Produktion und Serienbau. Im Unterschied zu Meyer beschränken sich Standardisierung und industrielle Fertigung bei ihm aber auf die Bauelemente.[64] In bezug auf diese Elemente beruht der Serienbau „auf Analyse und wissenschaftlicher Forschung" (Le Corbusier 1923(1984), p 58). Soweit es aber um das Bauwerk als Ganzes geht, hat der Begriff des Typus für Le Corbusier offensichtlich eine andere, idealistische Konnotation. Sie wird deutlich, wenn er erläutert, was den „Augen, die nicht sehen" (ibid p 57 f), entgeht: die Ozeandampfer, die Flugzeuge, die Autos. Diese Objekte sind für ihn ideale Typen, Leitbilder der Vollkommenheit, so wie es der Typus des griechischen Tempels einmal gewesen ist. „Um an das Problem der Perfektion heranzugehen, müssen Typen entwickelt werden. Der Parthenontempel ist ein an einem Typ entwickeltes Ausleseprodukt. [...]. Typen sind Sache der Logik, der Analyse, des gewissenhaften Studiums; sie entstehen aufgrund eines richtig gestellten Problems. Die Erfahrung legt den Typ dann endgültig fest" (ibid p 58). Um sein Anliegen zu verdeutlichen, benutzt Le Corbusier schließlich, nachdem er zuvor vom wissenschaftlichen Experiment als Grundlage des Serienhauses gesprochen hat, eine Metapher aus dem Bereich des Handwerklichen – das Haus als ‚schönes Werkzeug': „Wenn man aus seinem Herzen und Geist die starr gewordenen Vorstellungen vom Haus reißt und die Frage von einem kritischen und sachlichen Standpunkt aus ins Auge faßt, gelangt man zwangsläufig zum Haus als Werkzeug, zum Typenhaus, das gesund ist (auch sittlich gesund) und ebenso schön wie die Werkzeuge der Arbeit, die unser Leben begleiten." (ibid p 59)

Während Le Corbusier also auf der einen Seite von Logik, Analyse und Forschung spricht, setzt er auf der anderen ein Karussell von Metaphern in Bewegung: Silos, Tempel, Autos, Flugzeuge, Schiffe, Werkzeuge.[65] Adolf Max Vogt hat auf das Grundproblem dieser Auswahl hingewiesen, daß nämlich das Haus niemals nur ‚Werkzeug', nur ‚Maschine', sondern immer auch – und vor allem – ‚Schutzzeug' ist (Vogt 1980, p 18). Aber in unserem Zusammenhang geht es nicht um inhaltliche, sondern um methodische Fragen. Im Gegensatz zum industriellen Typ, der das erfolgreiche *Ende* eines Gestaltungsprozesses markiert, handelt es sich hier um ideale Leitbilder, die am *Beginn* dieses Prozesses stehen. Sie sind vergleichbar mit platonischen Idealtypen, und Corbusier scheint diese Interpretation zu befördern, indem er seine ‚objets types' in die Nähe des klassischen Typus schlechthin rückt: Das Automobil und der griechischen Tempel sind für ihn Typen vergleichbarer Mächtigkeit.

Hier kommt die alte Definition, mit der Quatremère de Quincy den Typus vom Modell abgegrenzt hat, wieder zum Vorschein: der Typus als Ideal, das gedeutet und transformiert werden muß, auf dessen Grundlage „Werke entworfen werden können, die sich überhaupt nicht ähnlich sehen" (Quatremère de Quincy 1832(1992)). Im Gegensatz zu Hannes Meyer ist Typologie bei Le Corbusier kein Gliederungssystem, sondern ein Vorgang der ‚kreativen Nachahmung' – eine Definition, wie sie von Laugier bis Semper ihre Gültigkeit bewahrt hat und auch von Loos mit seiner anscheinend paradoxen

13 Heck des Dampfers Aquitania, aus: Le Corbusier, Vers un Architecture

14 Villa Savoye, Le Corbusier, 1928–1930

Forderung nach beständiger, aber letztlich kreativer Wiederholung aufrechterhalten wurde.

Für die Hauptströmungen der Architekturtheorie der Moderne mußte dagegen der Gedanke, daß in der ‚Nachahmung' kreatives Potential stecken könnte, absurd erscheinen. Le Corbusier mußte hier bald in einen Konflikt mit den Vertretern der reinen Lehre der Moderne geraten. Zwar hat er sich stets als Verkünder universeller rationaler Gesetze dargestellt. Seine Bauten sind aber weniger von der Anwendung präziser Regeln, sondern in erster Linie vom schöpferischen Umgang mit Vorbildern – aus der Natur, der Technologie, aus anderen Künsten – geprägt, und das macht ihn spätestens nach dem Zweiten Weltkrieg bei den Internationalisten verdächtig. Für Nikolaus Pevsner ist er schon 1936, in der ersten Ausgabe von *Pioneers of the Modern Movement* ein „Raumjongleur", in der dritten Auflage (1960) wirft er ihm – nach Ronchamp und Chandigarh – vor, „die Sehnsucht des Publikums nach Phantastik und Überraschung zu erfüllen und aus der Realität in eine Märchenwelt zu entfliehen" (Pevsner 1960(1983), p 214). Jene Strömung der Moderne, die sich nach 1945 allgemein etabliert hatte, sollte auf universellen, den naturwissenschaftlichen Erkenntnissen gleichwertigen Prinzipien aufbauen. Die Bedeutung der Typologie konnte dabei getrost auf eine dem eigentlichen Gestaltungsprozeß nachgeschaltete Klassifikation von Lösungen reduziert werden.

5 Typologie und Planungsmethodik

Die Situation der Architektur gegen Ende der fünfziger Jahre ist charakterisiert durch das fatale Zusammenwirken jener Wissenschaftlichkeit, wie sie Hannes Meyer für die Architektur gefordert hatte, mit den auf Gewinnmaximierung ausgerichteten Strukturen einer zunehmend industrialisierten Bauwirtschaft. Joseph Rykwert beschreibt diese Situation 1957 in einem Artikel, in dem er die Haltung seiner Zeitgenossen wie folgt zusammenfaßt:
„Die Probleme, die sich dem Architekten vor eineinhalb Jahrhunderten durch die neue industrielle Gesellschaft gestellt haben, wurden durch die Erfindung neuer Materialien und Techniken zunächst verschärft und dann gelöst. Heute sind sie, im Modell zumindest, alle gelöst. Wir können nichts tun, als die prototypischen Lösungen rasch und in großer Vielfalt zu variieren. Unser Problem ist die Quantität: Wir müssen unsere Planungsmethoden vervollkommnen, Bauvorgänge rationalisieren, Größennormen festsetzen, lernen, Computer zu programmieren und vor allem – Fertigbauweise einführen. Die [...] beschriebene Einstellung ist in den angelsächsischen Ländern verbreitet genug: Es ist die Haltung der Technokraten und Verwalter der Architektur, der Bereichsplaner und der Anhänger des Stahlskelettbaus. Es ist weitgehend die Haltung der Mehrheit" (Rykwert 1983, p 9).
Aber offensichtlich befindet sich diese Position in einer Krise: „Selbst Architekten beginnen zu erkennen, daß die Leute, für die sie bauen, keine physiologischen Automaten mit angehängtem Gehirn sind, sondern komplexe Wesen, die von irrationalen Antrieben beherrscht werden." (ibid) Gegenüber der „maßlosen Ideologie des Rationalismus" sieht Rykwert eine Gegenbewegung sich entwickeln, der er freilich auch nicht viel abgewinnen kann: „Das hat jetzt natürlich zu einer Gegenbewegung geführt, die auf einem Appell an das Gefühl beruht und die Ansprüche der Vernunft ignoriert." (ibid)
Angesichts der gebauten Wirklichkeit kritisiert Rykwert, daß die Architekten sich von ihrer Verantwortung als Gestalter der menschlichen Umwelt zurückgezogen hätten. Sie hätten sich damit den Spekulanten, Verwaltungsbeamten und Technikern ausgeliefert, die ohne Respekt vor jenen „unan-

greifbaren Werten, die selbst der verbissenste Rationalist insgeheim hochhält" (ibid p 15), ans Werk gingen. Mit dieser Kritik formuliert er ein Unbehagen, das von der Mehrheit des damaligen Publikums und zumindest von den jüngeren unter seiner Kollegen allgemein empfunden wurde. Das Hauptproblem für seine Generation sieht Rykwert daher in der methodischen Untersuchung „eines referentiellen Gehalts in der Architektur" (ibid p 10). Diese Kritik ist deswegen so ausführlich zitiert worden, weil sie die Situation beschreibt, die den Ausgangspunkt sowohl für die Wiederaufnahme der Typologiediskussion als auch für jene „systematische Planungsmethodik" bildet, mit der die offensichtlichen Defizite des Funktionalismus gewissermaßen von innen her überwunden werden sollten. Typologie und Planungsmethodik sind in den sechziger Jahren radikal antagonistische Positionen. Selbst wenn Planungsmethodiker eingestehen müssen, daß Typologien in manchen Fällen vorläufig noch unverzichtbar sind, beeilen sie sich darauf hinzuweisen, daß es sich dabei um einen Fremdkörper in einer ansonsten rationalen Lösung handelt[66]. Andererseits sehen jene, die sich erneut mit dem „referentiellen Gehalt" in der Architektur beschäftigen wollen, in den wissenschaftlichen Planungsmethoden bestenfalls Werkzeuge, mit denen die „nackten Knochen unserer Kultur" (Colquhoun (1967)1985, p 50) sichtbar gemacht werden könnten. Die formale Gestaltung ist für sie aber in jedem Fall ein kulturelles und künstlerisches Phänomen. Die kybernetischen und biologischen Metaphern, auf die sich viele Plangungsmethodiker berufen, betrachten sie als „Doktrin eines biotechnischen Determinismus" (ibid), der letzten Endes nur die allgemeine gestalterische Gleichgültigkeit hinter einem pseudo-wissenschaftlichen Schleier verdecken würde.

Erste Ansätze, Typologie und rationale Planungsmethoden zu verbinden, sind zu Beginn der siebziger Jahre zu finden. Dazu gehört in erster Linie Christopher Alexanders *Pattern Language*, die nur deswegen oft als radikaler Bruch mit seinen frühen Theorien erscheint, weil er in der *Pattern Language* auf die mathematische Definition und vor allem auf die Computerunterstützung – seit Mitte der sechziger Jahre *das* Markenzeichen jeder rationalen Planungsmethodik – verzichtet. Aber auch innerhalb der Theorie des CAAD wächst das Interesse an Typologie im gleichen Maße, in dem sich die Versuche, eine exakte, alle früheren „Kochbuchmethoden" überwindende *Wissenschaft des Design* (Simon 1981) zu etablieren, als fruchtlos erweisen. Zum Verständnis dieser Entwicklung seien im folgenden die Ansätze der sechziger Jahre, sowohl in der Typologie als auch in der Planungsmethodik, skizziert.

Die Wiederaufnahme der Typologiediskussion

Als die Frage der Typologie Ende der siebziger Jahre ins Zentrum der Architekturdiskussion gerückt war, prägte Anthony Vidler in einem Essay den Begriff einer „Dritten Typologie", die gerade dabei sei, die Fundamente der Moderne in Frage zu stellen (Vidler 1977). Die ersten beiden Typologien sind für Vidler jene des späten 18. und des frühen 20. Jahrhunderts[67]; unter der „Dritten Typologie" versteht er in erster Linie den italienischen Neo-Rationalismus und nennt Aldo Rossi dessen prominentesten Vertreter. Diese Einschränkung wird allerdings der tatsächlichen Breite der Typologiediskussion nicht gerecht. Es stimmt zwar, daß sich die italienischen Neo-Rationalisten am deutlichsten auf den Begriff des Typus und seine Defintion bei Theoretikern des späten 18. und frühen 19. Jahrhunderts, etwa Quatremère de Quincy, beziehen. Tatsächlich finden sich typologische Fragestellungen und Lösungsversuche aber seit Ende der fünfziger Jahre überall dort, wo plötzlich die Frage nach dem ‚Wesen', nach der eigentlichen Aufgabe der Architektur gestellt wird, eine Frage, die der Funktionalismus ein für alle mal beantwortet zu haben glaubte[68]. Wenn man den Rahmen der Typologiediskussion so erweitert, gewinnt diese Diskussion an Spannung: Neben den Vertretern des Neo-Rationalismus treten Louis Kahn und Aldo van Eyck – um nur zwei der wichtigsten zu nennen – mit durchaus kontroversiellen Positionen auf.

Die Suche nach dem ‚Wesen' der Architektur ist eng verbunden mit einer ‚Wiederentdeckung der Geschichte', wobei es allerdings in erster Linie um die Geschichte der Architektur als Disziplin, also um die Ursprünge des Bauens und die Entwicklung der architektonischen Arbeit geht, und nur in zweiter Linie um Architekturgeschichte als Geschichte der Formen und Stile[69]. Die Geschichte der architektonischen Disziplin bietet dabei unterschiedliche Anknüpfungspunkte: Das Interesse an anonymer Architektur und Ethnologie – etwa bei Aldo van Eyck – markiert dabei das eine Ende eines Spektrums, jenes an den klassizistischen Vorbildern von Boullée bis Milizia – etwa bei Aldo Rossi – das andere. Gemeinsam ist diesen Ansätzen, daß sie in der architektonischen Arbeit eine kulturelle Aufgabe sehen: Architektur bringt eine Ordnung in die Welt der Artefakte, die nicht einfach aus den materiellen Bedingungen, aus Funktionen und Materialien ableitbar ist, sondern aus der menschlichen Natur und ihren seelischen und geistigen Bedürfnissen. Schon bei Joseph Rykwert haben wir in seinem eingangs zitierten Artikel die Forderung nach der Beschäftigung mit dem „referentiellen Charakter in der Architektur" angetroffen. Er versteht darunter die prinzipielle semantische

Untersuchung aller „Elemente unserer [also der Architekten, CK] Arbeit: Pflasterung, Schwelle, Tür, Fenster, Wand, Dach, Haus, Fabrik, Schule. Sie alle haben ihre Poesie, und es ist die Poesie, die wir aus den Absichten unserer Auftraggeber zu gewinnen lernen müssen: sie nicht durch billige melodramatische Elemente zu suggerieren, sondern sie aus den alltäglichen Elementen, die wir zusammensetzen, zu buchstabieren" (Rykwert 1983, p 21)[70]. Damit fordert Rykwert Typo-Logie in einem ursprünglichen Sinn des Wortes: Sprechen über die ‚eigentliche' Bedeutung der Dinge.

Was Rykwert sehr abstrakt beschreibt, findet Aldo van Eyck in den Bauten der ‚Primitiven' konkret realisiert – eine Architektur, bei der jedes Element und jede Konstellation von Elementen mit Bedeutung aufgeladen ist. Van Eyck besucht 1959/1960 den Stamm der Dogon in der Republik Mali und trifft dort Ethnologen, die eine ethno-psychoanalytische Untersuchung der Dogon durchführen. Das Dogon-Haus erweist sich dabei nicht nur als ein funktionelles Gebilde, sondern als die Darstellung einer Kosmologie: „Der Fußboden des Erdgeschoßes [...] symbolisiert die Erde und den in der Erde wiedererstandenen Lebé (Lebé ist der Ahne und Vater der vier Stämme der Dogon). Die Terrasse [...] ist das Abbild des Himmels [...] Das Hausinnere und die verschiedenen Zimmer sind die von den Menschen bewohnten Höhlen dieser Welt. [...] Der Raum, in dem sich die Feuerstelle befindet und von der Terrasse sein Licht erhält, bekundet die Atmung der Frau, die von der Decke, dem Symbol des Mannes (dessen Skelett die Balken bilden) bedeckt wird."[71]

Die Ethnologen, die diese Beschreibungen aufzeichneten, kamen, wie Adolf Max Vogt schreibt, „aus der Mitte des 20. Jahrhunderts – mit seiner ganzen Panik vor Bedeutungsleere, Bedeutungsvakuum – hergereist zu den Dogon und entdeckten ein noch lebendes Haus voller elementarer Bedeutungen" (Vogt 1980, p 73). Van Eyck hat diesen „Archetyp von der Ethnologenwelt in die Architekturwelt herübergeführt. Diese hat so aufgeschlossen reagiert wie ein Durstiger dem Wasser gegenüber aufgeschlossen reagiert." (ibid) Das Dogon-Haus ist für van Eyck ein Archetyp, in dem er seine Architekturauffassung bestätigt sieht: Architektur muß Heimat und Schutz bieten, muß Bedeutung haben, spirituelle Werte vermitteln. Jenes abstrakte Raum-Zeit-Kontinuum, das für Sigfried Giedion den transzendentalen Rahmen einer bedeutungsfreien, aber perfekt funktionierenden Architektur gebildet hatte, wurde von Aldo van Eycks Generation radikal entzaubert. Die Paraphrasierungen von Giedions *Raum, Zeit und Architektur* sprechen für sich: van Eyck ersetzt ‚Raum' und ‚Zeit' durch ‚Ort' und ‚Gelegenheit' (Herzberger,

van Roijen-Waterman et al. 1982, p 49), Charles Moore durch ‚Körper‘ und ‚Erinnerung‘ (Bloomer and Moore 1977).
Im Gegensatz zu van Eyck, der an die archaischen Formen selbst ganz bewußt nicht anknüpft[72], versucht Louis Kahn, die archaische Rolle der Architektur auch formal spürbar zu machen.[73] Seine theoretischen Äußerungen sind – im Vergleich mit den analytischen Erzählungen Rykwerts und den Aphorismen und Polemiken van Eycks – poetische Verdichtungen. Kahn versteht Architektur nicht als das „Lösen eines Problems, sondern als das Erkennen der Natur einer Sache" (Lobell 1979, p 52). Seine Fragestellung lautet daher: „Was will dieses Gebäude sein?" (ibid p 63) Um darauf eine Antwort zu finden, müsse der Entwerfer zwei extreme Standpunkte einnehmen: Einerseits müsse er „außerhalb der Geschichte" nach ursprünglichen Formen suchen[74], andererseits in einer Art mystischer Einheit mit der Welt den geschichtlichen Augenblick, die Gegenwart in den Entwurf gelangen lassen. Der Entwurf bringe die Dinge aus der „Stille" ans „Licht"; in der materiellen Realisierung werde ein „Schatten" dieser ans Licht gebrachten Dinge sichtbar, ein Gedanke, der direkt Platos Höhlengleichnis entlehnt zu sein scheint.

16

Was die gesellschaftliche Verankerung der Architektur betrifft, so ist für Kahn der Ausgangspunkt des Entwurfs nicht eine Funktion, sondern eine „Sehnsucht". Kahn nennt die Sehnsucht zu lernen, die Sehnsucht nach Gemeinschaft und die Sehnsucht nach Wohlbefinden. Aus diesen Sehnsüchten ergeben sich archetypische „Institutionen": die Straße, die Schule, der Dorfanger (village-green) und die Kapelle. So wie das Haus eine „Gemeinschaft der Räume ist", so ist die Stadt der „Platz der versammelten Institutionen"[75].
Für Kahns Bauten bildet die Beaux-Arts Tradition, in der er Anfang der zwanziger Jahre ausgebildet wurde, den in einem langen Ablösungsprozeß gegen die dominierenden Prinzipien der Moderne wiedergewonnenen und dabei transformierten Rahmen. Seine Grundrisse wie jener für das Yale Center for British Art and Studies in New Haven zeigen das deutlich. Kahn versucht jedoch stets, den Typus in den jeweiligen Kontext einzubinden; es ist kein Zufall, daß die Deckenschalen des Kimbell Art Museums in Forth Worth, Texas, Zykloiden, also das Abbild einer komplizierten „technoiden" Bewegung[76], und keine durch einfache Kreisbögen definierten Tonnen sind, während bei Kahns Bauten in der ‚Dritten Welt‘ nur elementarste geometrische Formen vorkommen.

17

18

Die Position der italienischen Vertreter der „Dritten Typologie" zur Frage des Kontexts ist dagegen zwiespältig. Auf der einen Seite verstehen sie unter Typologie einen Prozeß, der aus der genauen morphologischen Analyse des Bestehenden zu Typen gelangt, die im historischen und kulturellen Kontext

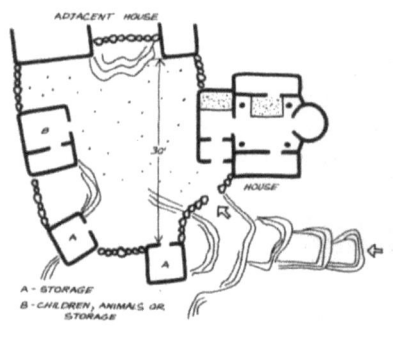 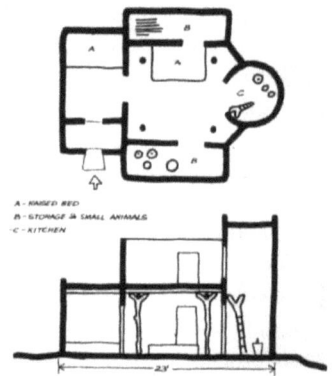

15 Dogon Stamm, Mali, Gehöft

16 Louis Kahn, Parlament in Dacca, Bangladesh

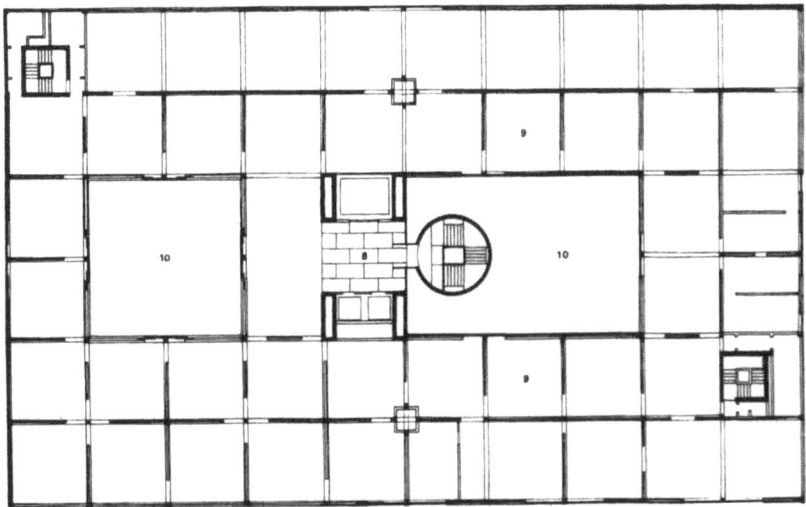

17 Louis Kahn, Yale Center for British Art and Studies, Grundriß

18 Louis Kahn, Kimbell Art Museum, Forth Worth, Schnitt mit Darstellung der Zykloidenkonstruktion

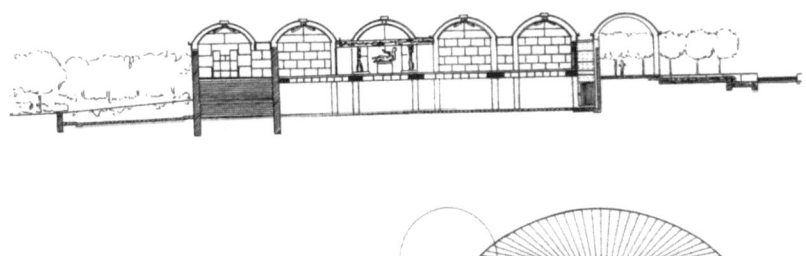

サイクロイド曲線. Diagram of cycloid.

verankert sind. Saverio Muratori, auf den sich die Neo-Rationalisten oft berufen, definiert den Typ als „operationelle Information, die auf einer experimentellen Tradition fußt. [...] Die Kenntnisse, die er beinhaltet, sind bereits untereinander organisiert [...] und üben auf die Praxis eine integrierende Wirkung aus" (zit. nach (Mafroy 1986)). Muratoris Haltung in dieser Frage geht auf Tessenow und Asplund und natürlich auf jene Gruppe italienischer Architekten zurück, die, wie etwa Mario Ridolfi und Giancarlo de Carlo, als Reaktion gegen die ‚klassische Moderne' schon zu Beginn der fünfziger Jahre an traditionelle Bautypen und Strukturen anzuknüpfen versuchte.
Muratori entwickelt als Theoretiker eine dieser Haltung entsprechende Methode der stadtmorphologischen Untersuchung, deren Wert in der genauen Beobachtung der urbanen Realität im Gegensatz zu den Utopien der klassischen Moderne liegt. Giuseppe Samonà, Lehrer an der Universität von Venedig, an der in den fünfziger Jahren auch Muratori unterrichtet, hatte diesen Utopismus schon 1927 kritisiert: „Die Idee einer Kunst auf mathematischer und wissenschaftlicher Grundlage hat keine Wurzeln im Leben der Gegenwart, sondern in einem vom Künstler imaginierten zukünftigen Leben. Dieses Leben [...] strebt immer einer imaginären Zukunft zu, in der sich alle modernen Möglichkeiten bis zum Äußersten steigern" (Samonà 1929(1985)). Die Moderne gleiche damit dem Romantizismus des 19. Jahrhunderts: Sie vermittle dasselbe Gefühl „prophetischer Visionen, das von all jenen geteilt wird, deren Geist nicht wirklich im Leben steht" (ibid).
In Muratoris stadtmorphologischer Methode ist die typologiche Analyse ein induktiver Vorgang: Aufbauend auf einer sorgfältigen Analyse des Bestehenden soll das Neue in die evolutionäre Entwicklung der Stadt eingebunden werden. Dieses Prinzip einer evolutionären Entwicklung müsse sich folgerichtig auch auf den Typus selbst beziehen, wenn er sich auch langsamer entwickeln sollte als seine individuellen Ausprägungen. Die oben angesprochene Zwiespältigkeit, ergibt sich aus zwei Festlegungen, die die Neo-Rationalisten in bezug auf den Typus machen: sie erklären ihn, erstens, zu einer völlig statischen „Invariante" und, zweitens, machen sie es zu ihrem Ziel, den Typus in möglichst reiner Form zur Darstellung zu bringen. So formuliert etwa Aldo Rossi, der bei Giuseppe Samonà studiert hat, in einem Text über *Das Konzept des Typus* aus dem Jahre 1965 gleich mehrere Definitionen des Typologiebegriffs, die den Typus als unabänderliche, ewig gültige Konstante erscheinen lassen:
„Die Typologie stellt sich als die Lehre von den nicht weiter reduzierbaren Typen der städtischen Elemente dar, sowohl der Stadt wie der Architektur"

19 Giancarlo de Carlo, Wohnhaus, Mailand, 1952

20 Giancarlo de Carlo, Wohnhaus, Mailand, 1953–55

21 Aldo Rossi, Friedhof San Cataldo, Modena

(Rossi 1965(1978)). „Schließlich können wir sagen, daß der Typus die Idee der Architektur an sich ist; das, was ihrem Wesen am nächsten kommt" (ibid). „Wir wollen feststellen, daß die Typologie die Idee eines Elements ist, die eine eigene Rolle bei der Bildung der Form spielt; und daß sie eine Konstante ist" (ibid).
Rossi meint damit, daß der Typus nicht nur im Verhältnis zu seinen variablen Ausprägungen – was mit einem induktiv gewonnenen Typ ja durchaus verträglich wäre – sondern auch über die Zeit konstant sei: Er ist überzeugt, „daß sich die Typen von Wohngebäuden von der Antike bis heute nicht verändert haben" (ibid). Das bedeute zwar nicht, daß sich die konkrete Lebensweise von der Antike bis heute nicht verändert hätte und daß nicht immer neue Lebensweisen möglich seien (ibid), für die architektonischen Formen hätte das jedoch keine Bedeutung[77]. Der Typus ist für Rossi völlig unabhängig vom Kontext der Gegenwart und in letzter Konsequenz auch völlig unabhängig von jedem historischen Kontext; auch das Rom, auf das sich Rossi bezieht, ist nicht mehr als ein Pantheon architektonischer Archetypen – ohne jede Beziehung zur Kultur und zu den gesellschaftlichen Funktionen des antiken Lebens. In dem Moment, da eine solche Typusvorstellung mit dem Ziel verbunden wird, den Typus möglichst rein zur Darstellung zu bringen, geht die Beziehung der Architektur zu ihrem realen Kontext verloren. Die Bilder De Chiricos, in denen die Zeit stehen geblieben zu sein scheint, sind die Vorbilder für jene Atmosphäre, die Rossi architektonisch vermitteln möchte.
Es ist bemerkenswert, daß sich gerade Rossi dennoch explizit auf Quatremère de Quincys Unterscheidung zwischen Typus und Modell beruft. „Kein Typus ist identisch mit einer Form, auch wenn alle architektonischen Formen auf Typen zurückgeführt werden können." (ibid) Der Typus würde also die Prinzipien der Architektur verkörpern, nicht ihre Formen. In diesem Sinn zitiert Rossi auch eine Definition von Guido Canella, die Typologie als die Philosophie des Architekten bezeichnet. Ihr zufolge läßt sich Typologie als „die Systematik definieren, die die Invarianten der Morphologie untersucht, wobei unter Morphologie eine Reihe von Ereignissen zu verstehen ist, die sich in einer historischen Tatsache ausdrücken, und unter Typologie der [dazugehörige, ck] kategoriale Aspekt. [...] Die Invariante wird in der Tat, wenn man sie als eine methodische Aufgabe begreift, zur Philosophie des Architekten" (Rossi 1965(1978)).
Auch damit ist keineswegs erklärt, warum Rossi den Typus zum eigentlichen Inhalt und Ziel der Architektur macht[78]: Seine Bauten erscheinen als direkte

formale Realisierungen von Typen, als jene nicht weiter reduzierbaren Elemente, die ja definitionsgemäß niemals Realität werden dürften. Nun ist die Unterscheidung zwischen Typ und Modell ja schon bei Quatremère insofern problematisch, als Typologie selbst als „Philosophie des Architekten" nie ganz ohne formale, figurative Repräsentationen auskommen kann; eine klare platonische Trennung der Welt der Ideen von jener der Formen ist in einem wirklich kreativen Prozeß unmöglich. Rossis Beharren auf der konkreten Zur-Schau-Stellung des Ewiggültigen ist jedoch keine methodische Inkonsequenz, sondern eine bewußte Verweigerung. In seinem Text über die *Dritte Typologie* schreibt Anthony Vidler, diese Typologie verweigere jede „Nostalgie in ihrer Berufung auf die Geschichte [...]; sie erkennt das Trügerische des Versuchs, eine architektonische Ordnung genau auf eine soziale zurückzuführen, und verweigert daher jede einheitliche Beschreibung der sozialen Bedeutung von Formen; schließlich verweigert sie jeden Eklektizismus." (Vidler 1977, p 4) Rossis typologische Methode sei ein Versuch, die politische, öffentliche Rolle der Architektur wiederherzustellen: „Stadt und Typologie werden als die einzig mögliche Grundlage erkannt, auf der die kritische Rolle der Architektur, die im endlosen Kreislauf von Produktion und Konsum unterzugehen droht, wiederhergestellt werden kann" (ibid). Die prozeßhafte Planung im Chaos der offenen Gesellschaft soll durch einen ganzheitlichen Ansatz, den Plan aus einem Guß, abgelöst werden. Der modernen, kapitalistisch-bürgerlichen Stadt, der ‚Stadt der Konsumbedürfnisse', setzen die Neo-Rationalisten eine ideale Stadt entgegen, die um nichts weniger utopisch ist als jene der klassischen Moderne, wenn sie auch – in bester platonisch-totalitärer Tradition – in eine imaginäre bessere Vergangenheit projiziert wird[79]. Es ist die Stadt der geschlossenen Gesellschaft, deren formale Gestaltung von Architektur-Philosophen übernommen wird, so wie in Platons *Staat* die Philosophen die politische Gestaltung übernehmen sollten.
Rossis Konzept der Zur-Schau-Stellung des Ewiggültigen ist am überzeugendsten, wo das Verlassen des Zeitlichen in der Natur der Aufgabe liegt: nämlich bei seinen Projekten für Denkmäler und Friedhöfe. Die Formen einer Architektur, die bewußt jeden Dialog mit der Gegenwart verweigert und die Zeit vergessen machen möchte, wirken hier schlüssig. Das ‚erhabene Schweigen' wird aber in all jenen Fällen zum Ärgernis, wo ‚Präsenz' der Architektur gefordert wäre, ihr In-der-Welt-Sein, das eben nicht nur die geistige Auseinandersetzung mit einem abstrakten Typus gestattet, sondern die sinnliche und körperliche Beziehung zu einem konkreten Gebäude. Das heißt jedoch nicht, daß das Konzept der Typologie als einer ‚Philosophie der Architektur' sich als unfruchtbar erwiesen hätte. Im Gegenteil: in der

Entwicklung seit den sechziger Jahren hat es sich als einer der tragfähigen Ausgangspunkte für eine architektonische Praxis jenseits des Funktionalismus erwiesen.

Die Wissenschaften vom Künstlichen

Die Beschäftigung mit dem ‚referentiellen Gehalt' der Architektur, mit Geschichte und Typologie war *eine* mögliche Antwort auf die Krise, in die der Funktionalismus in den Jahren nach dem Zweiten Weltkrieg geraten war. Parallel dazu wurde Anfang der sechziger Jahre der Versuch unternommen, diesen Funktionalismus methodisch zu erneuern und dadurch dessen offensichtliche Defizite zu überwinden. Die Repräsentanten rationaler Planungsmethoden sahen die Ursachen für diese Defizite nicht in der reduktionistischen Auffassung des architektonischen Produkts, sondern in den unklaren methodischen Grundlagen des architektonischen Prozesses. „Der moderne Gestalter", schreibt Christopher Alexander 1964, „verläßt sich mehr und mehr auf seine Rolle als ‚Künstler', auf Schlagworte, persönliche Sprache und Intuition – weil all das ihn von der Bürde der rationalen Entscheidung befreit und seine kognitiven Probleme handhabbar macht." (Alexander 1964 (1971), p 10)
Die Entwicklung von rationalen Planungsmethoden sollte diese kognitiven Probleme des Planers durch systematische Zerlegung der Aufgabe in kleinere, überschaubare Einheiten in den Griff bekommen. Diese analytische Methode wird sowohl auf den *Prozeß* als auch auf den *Inhalt* der Planung angewandt. Der Prozeß wird zerlegt in den Dreischritt Analyse, Synthese und Evaluation, der sich zu immer komplexeren Ablaufstrukturen verfeinern läßt. Aber diese prozeßbezogene Planungsmethodik bliebe rationale Verarbeitung irrationaler und dunkler Inhalte, wenn nicht auch die Probleme selbst analytisch aufgearbeitet würden. Die Umstellung vom produkt- zum prozeßorientierten Denken muß daher von der Umstellung von einer komponenten- zu einer systemorientierten Darstellung der Aufgaben begleitet werden. Erst wenn jede Komponente durch ihre Leistungsmerkmale exakt erfaßt und in ihrem Zusammenspiel mit anderen Komponenten untersucht ist, kann ein rationaler Synthese- und Bewertungsvorgang durchgeführt werden. Mit dieser doppelten Umstellung auf system- und prozeßorientierte Methoden sollten die Grundlagen der Gestaltung im „postindustriellen Zeitalter" geschaffen werden (Cross 1977, p 16).

In diesem Kontext weckte die digitale Informationsverarbeitung große Hoffnungen. Denn auch das beste Konzept einer systematischen, rationalen Planung kann die kognitiven Beschränkungen eines menschlichen Gestalters nur bewußt machen und vielleicht mildern,nicht aber wirklich aufheben. So wie in der ersten industriellen Revolution die Maschine die Körperkraft des Menschen technologisch verstärkt hat, so sollte nun der Computer die intellektuellen Kapazitäten des Menschen verstärken, um Gestaltungsprobleme wieder sicher in den Griff bekommen zu können.
Gegen eine solche Darstellung ist natürlich einzuwenden, daß ein Großteil der Weltarchitektur einschließlich der Architektur der ‚primitiven' Kulturen ohne derartige Hilfsmittel entstanden ist und dennoch oft höchste Qualität besitzt. Die Planungsmethodiker antworteten darauf im wesentlichen mit drei Argumenten: erstens sei die Komplexität der Probleme gestiegen, man sei an kritische Grenzen gelangt, an denen traditionelle Methoden versagen würden; die Planungs- und Realisierungszyklen hätten sich, zweitens, derart beschleunigt, daß die Rückkopplungsprozesse, durch die in traditionellen Kulturen eine kontinuierliche Evolution der Artefakte gesichert gewesen sei, außer Kontrolle geraten würden. Drittens schließlich würden sich die Probleme heute ganz anders stellen: im Gegensatz zu den geschlossenen Gesellschaften der ‚primitiven' Kulturen, die aufgrund fester Traditionen innerhalb eines engen Spektrums von zulässigen Lösungen verankert gewesen wären, habe der moderne Gestalter ungleich größere Wahlmöglichkeiten und damit letztlich auch Irrtumsrisiken[80]. Die Krise des Funktionalismus bestehe nicht zuletzt darin, daß er sich in seinen Standards und Typen einen künstlichen Traditionsersatz geschaffen hätte, aber die Augen vor der tatsächlichen Struktur der Probleme verschließe. Kybernetik und Operation Research[81] müßten deshalb auf den Bereich der Umweltgestaltung übertragen werden.

Planung als Dekompositionsproblem

Christopher Alexanders Theorie, wie er sie in den *Notes on the Synthesis of Form* (Alexander 1964(1971)) darstellt, ist typisch für diese Haltung. Alexander sieht sich in der Tradition von Laugier und Lodoli, die, wie er, „wissen wollten, was sie als Formgeber taten" (ibid p 10). Deren Ansichten hätten das professionelle Architekturgewerbe[82] aber nicht reformieren können, sondern nur so weit verunsichert, daß es sich im Konzept des Stils – hier meint Alexander den Eklektizismus des 19. Jahrhunderts ebenso wie den internationalen Stil der Moderne – eine neue, vordergründige Sicherheit

geschaffen habe. Auf der anderen Seite gebe es aber kein Zurück zum unbewußten Gestaltungsprozeß der anonymen Architektur. In einer offenen Gesellschaft müsse diese Verbindung durch rationale Gestaltungsmethoden wiederhergestellt werden (Alexander 1964(1971), p 55 f).
Das Dilemma des Architekten unter den Bedingungen einer offenen Gesellschaft sieht Alexander darin, daß er sich einer unglaublichen Fülle von Planungsfaktoren konfrontiert sieht, deren Zusammenhänge er nicht wirklich intuitiv durchschauen könne: Wenn bei der Analyse einer Planungsaufgabe beispielsweise 20 Teilprobleme identifiziert werden können, aus deren Kombination sich Teilsysteme der Aufgabe zusammensetzen lassen, dann muß – so das Argument Christopher Alexanders – die korrekte Auswahl aus 2 hoch 20 möglichen Teilsystemen getroffen werden. Diese Auswahl auf rationale Weise, also ohne Rückgriff auf traditionelle, und damit möglicherweise obsolete Lösungen zu treffen, sei für einen menschlichen Gestalter ohne Computerunterstützung ein schlicht unmögliches Unterfangen (Alexander 1964(1971), p 68 f).
Alexander illustriert dieses Problem mit einem Diagramm, das die Beziehung zwischen zehn Teilproblemen darstellen soll. Es lassen sich deutlich zwei Gruppen von Problemen unterscheiden, die relativ unabhängig voneinander gelöst werden könnten. Ein intuitiv vorgehender Gestalter könnte aber leicht zu einer Zusammenfassung von Teilproblemen kommen, die nichts mit der tatsächlichen Struktur des Gesamtproblems zu tun hat.
Woraus schließt Alexander nun, daß derartige willkürliche Strukturierungen tatsächlich häufig in der Praxis vorkommen und für Fehlschläge verantwortlich sind? Sein Hauptargument ist, daß die meisten Planer in Darstellungsformen von Problemen verhaftet sind, die die Wirklichkeit nicht abbilden können. Er richtet sich dabei nicht so sehr gegen formalistische, sondern in erster Linie gegen *sprachliche* Repräsentationen. Planer würden den analytischen Prozeß, der zu einer korrekten Bildung von Problemgruppen führen könne, in der Regel durch sprachliche Generalisierungen ersetzen. Das ist insofern verständlich, als Planung in der Regel durch menschliche Bedürfnisse ausgelöst wird, die in natürlicher Sprache artikuliert und kommuniziert werden müssen. Die natürliche Spache sei aber nicht dafür geeignet, die Struktur von Planungsproblemen darstellen zu können. Alexander nennt als Beispiel den Begriff der „Sicherheit": Man könne von einer „Sicherheitskomponente" ebenso beim Entwurf eines Teekessels wie auch beim Entwurf eines Autobahnkreuzes sprechen. Aber es ist unwahrscheinlich, daß mit diesem Wort in den beiden sehr unterschiedlichen Problemen irgendwelche *strukturellen* Ähnlichkeiten auf der Ebene der Teilprobleme angesprochen würden. „Ob-

22 Dekompositionen einer Planungsaufgabe, Diagramm aus: Christopher Alexander, *Notes on the Synthesis of Form*

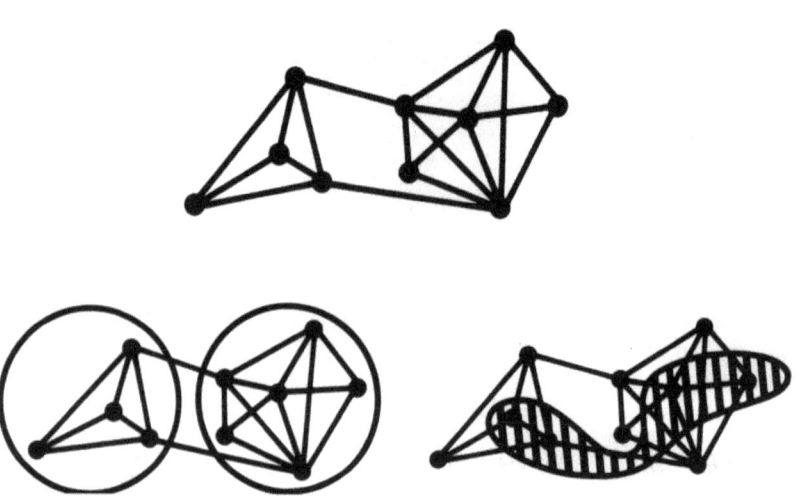

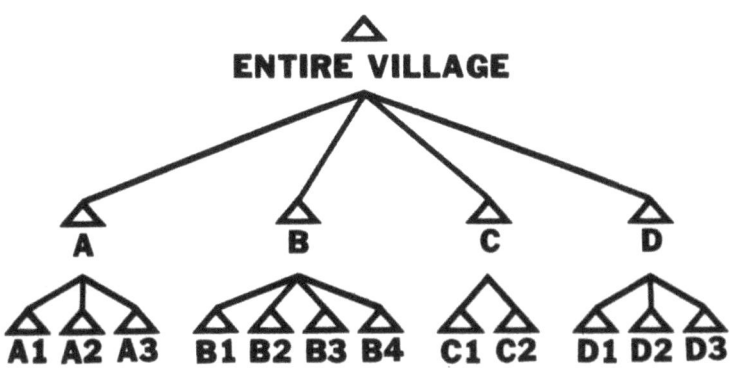

A1 contains requirements 7, 53, 57, 59, 60, 72, 125, 126, 128.
A2 contains requirements 31, 34, 36, 52, 54, 80, 94, 106, 136.
A3 contains requirements 37, 38, 50, 55, 77, 91, 103.
B1 contains requirements 39, 40, 41, 44, 51, 118, 127, 131, 138.
B2 contains requirements 30, 35, 46, 47, 61, 97, 98.

23 Dekomposition der Probleme beim Entwurf für ein indisches Dorf, aus: Christopher Alexander, *Notes on the Synthesis of Form*

24 ‚Constructive Diagrams' für den Entwurf eines indischen Dorfs, aus: Christopher Alexander, *Notes on the Synthesis of Form*

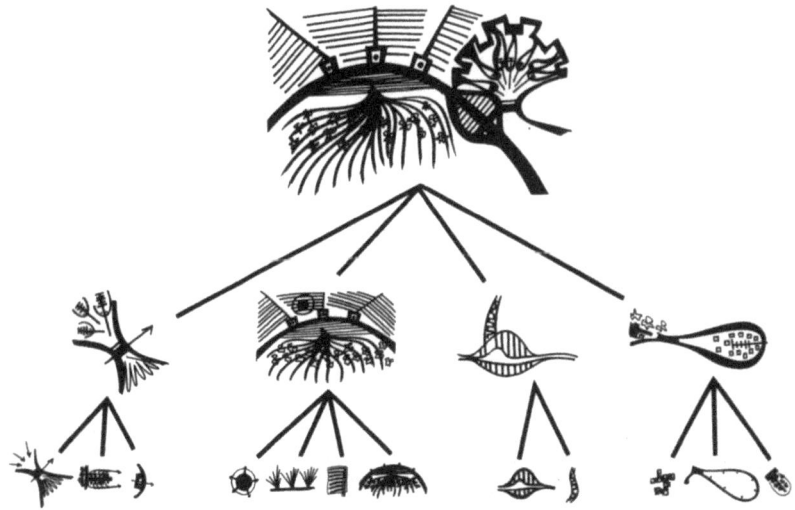

wohl jedes Problem seine eigene Struktur hat, und es viele unterschiedliche Probleme gibt, werden die Worte, die wir zur Beschreibung der Komponenten dieser Probleme benutzen, durch Kräfte in der Sprache geprägt, nicht durch die Probleme selbst; sie [die Worte, CK] sind daher beschränkt in ihrer Anzahl, und können nur einige wenige Fälle korrekt beschreiben" (ibid p 68). Der Planer sei daher „gefangen im Netz seiner Sprache" (ibid p 69).

Die Lösung, die Alexander vorschlägt, besteht darin, zu einem Problem eine unstrukturierte Liste von Teilproblemen auf der untersten, feinsten Ebene anzulegen, dort also, wo sich Probleme noch relativ konkret beschreiben lassen, und durch Analyse der tatsächlichen Beziehung zwischen diesen elementaren Teilproblemen zu einer korrekten Dekomposition des Gesamtproblems zu gelangen. Er illustriert diese Vorgehensweise am Beispiel der Planungsaufgabe eines Dorfes für 600 Personen in Indien[83]. Zuerst werden planerische Begriffe wie „Verkehr", „Religion und Kaste", „Landwirtschaft", „Gesundheit" oder „Erziehung" in 141 Teilprobleme zerlegt; im nächsten Schritt wird untersucht, wie diese Konzepte tatsächlich miteinander in Beziehung stehen. Bei dieser Analyse wird die Unzulänglichkeit der ursprünglichen Gruppierung deutlich sichtbar: Das religiöse Faktum, daß Kühe als heilig behandelt werden, bedeutet, daß sie große Bewegungsfreiheit genießen, was wiederum Auswirkungen auf den Verkehr in der Siedlung hat und dort berücksichtigt werden muß. Alexander gelangt auf diesem Weg zu einer Strukturierung in zwölf Gruppen von primären Teilproblemen, die in vier übergeordnete Gruppen zusammengefaßt werden können. Diese Gruppen erhalten natürlich keine neuen „Namen", sondern werden ausschließlich durch ihre möglichst konkret formulierten primären Teilprobleme repräsentiert[84]. Die Lösung der Teilprobleme stellt Alexander in Diagrammen dar, die sich ebenfalls hierarchisch zu größeren Einheiten entsprechend der Gliederung des Gesamtproblems verbinden lassen. Diese Diagramme sind eine Kombination von „requirement diagram" und „form diagram". Alexander nennt sie daher „constructive diagrams", die eine „Brücke zwischen den Bedürfnissen und der formalen Lösung" herstellen (ibid p 88). Der Begriff ‚Brücke' ist bewußt gewählt, da Alexander die Beziehung zwischen Form und Bedürfnissen nicht einseitig versteht: „Jedes dieser ‚constructive diagrams' ist auch eine Annahme über die Natur des Kontexts" (ibid p 91). Ein Artefakt antwortet auf spezielle Bedürfnisse eines Kontexts, es erklärt ihn aber auch bis zu einem gewissen Grad. Diese Erklärung kann sich in sehr engen Grenzen bewegen, etwa dort, wo es um die „Erklärung" des physikalischen Kräfteverlaufs in einem Bauteil geht, sie kann aber, etwa bei der Beziehung des Artefakts zu seinem kulturellen Kontext, einen großen Interpretationsspiel-

raum offen lassen. Bei Alexander heißt es dazu: „Ein gut entworfenes Haus paßt nicht nur in den Kontext, sondern es erhellt auch, was der Kontext eigentlich ist, und erklärt damit das Leben, das es beherbergt. In diesem Sinne ist Le Corbusiers Erfindung neuer Hausformen in den zwanziger Jahren ein Teil des Versuchs, die neuen Lebensformen des zwanzigsten Jahrhunderts zu verstehen" (ibid). Das Lösen eines Gestaltungsproblems ist also zugleich der Versuch, den Kontext zu erforschen und zu interpretieren. Da aber Bedingungen und Bedürfnisse nicht vom Kontext getrennt werden können, bedeutet das nichts anderes, als daß das Problem selbst kontinuierlich umformuliert, also gestaltet wird.
Betrachtet man die Diagramme, die Alexander für sein indisches Dorf enwickelt hat, genauer, dann wird ihr ‚Schwebezustand' zwischen funktioneller und formaler Repräsentation deutlich. Obwohl er sie nicht ‚benennt', beschreibt Alexander jedes dieser Diagramme ausführlich, zusätzlich zur Auflistung der jeweiligen Teilprobleme, auf die es antwortet. Die Diagramme verdeutlichen diese Beschreibung, aber sie haben zugleich jedes für sich eine formale Qualität, sie zeigen offensichtlich eine „persönliche Handschrift" (im Gegensatz etwa zu den möglichst abstrakten Piktogrammen von Leitsystemen). Und doch sind sie keine Skizzen: Sie machen einen durchaus abgeschlossenen Eindruck. Wenn sie zu größeren Einheiten gruppiert werden, verändern sich diese Diagramme nicht im Sinne einer ‚Verfeinerung' (wie es für die Entwicklung einer Skizze üblich wäre): Das Diagramm an der Stelle C2 in Abbildung 24 repräsentiert einen zick-zackförmig gewundenen Pfad, an dem öffentliche Gebäude mit Höfen angelegt sind. Alexander begründet diese Anlage damit, daß ein zentraler Ort für öffentliche Institutionen und politische Gruppierungen geschaffen werden soll, der aber keinen einzelnen Mittelpunkt anbieten dürfe, sondern aus einer Reihe von gleichwertigen, aber unterschiedlich orientierten Objekten bestehen müsse. Dieses Diagramm C2 findet sich im Diagramm C als linear von einem Zentrum wegführendes Element; im Diagramm für das ganze Dorf ist es als halbkreisförmiges Band zu erkennen, das die fischförmig dargestellten Einfriedungen der Wohnbereiche umschließt.

24

Alexanders Methode läßt sich zusammenfassend als ‚Gestaltung durch Dekomposition' charakterisieren. Die korrekte Zerteilung eines Gestaltungsproblems in voneinander möglichst unabhängige Teilprobleme ist für Alexander die wesentliche Aufgabe, die ein Gestalter zu leisten habe. Der Computer kann ihn hier unterstützen, indem er die Gruppierung auf der Grundlage der tatsächlichen Beziehung zwischen den Teilproblemen analysieren kann. Wenn diese hierarchische Dekomposition geglückt ist, dann erfolgt die Kom-

position – Alexander spricht von „realization", ein Begriff, den er von Louis Kahn übernimmt (ibid p 209) – in Form von Diagrammen auf genau umgekehrtem Wege. Es bleibt in Alexanders Darstellung aber offen, woher die elementaren Diagramme, also jene auf der untersten Ebene der Repräsentation, kommen. Auf dieser Ebene handelt es sich offenbar um nicht weiter zerteilbare Elementarlösungen für ein bestimmtes Set von Problemen. Alexander deutet an, daß die diagrammatischen Lösungen auf dieser Ebene *evident* sind, sich also ohne weiteren rationalen Analyseschritt *von selbst zeigen*.
Die ‚constructive diagrams' sind ein Versuch, das Wesentliche einer Aufgabe freizulegen und eine Repräsentation dafür zu finden, die selbst noch keine formale Lösung ist, sondern als Anleitung für unterschiedliche formale Lösungen dienen kann. In dieser Hinsicht zeigt sich eine wesentliche Parallele zu den bisher diskutierten Typenkonzepten. Alexander beschäftigt sich dabei auch mit dem schon immer hinter der Trennung von Typ und Modell lauernden Problem der Beziehung zwischen Typus und graphischer Figur und findet darauf eine durchaus originelle Antwort: Er akzeptiert die unvermeidliche Doppelrolle jeder nicht-sprachlichen, diagrammatischen Repräsentation eines Gestaltungsproblems, daß sie eben immer auch Formcharakteristika zur Anschauung bringen müsse, und räumt der Ästhetik des Diagramms hohen Stellenwert ein. Im Vorwort zu einer Neuauflage seines Buches 1971 weist Alexander darauf hin, daß in diesen Diagrammen, und nicht in der mathematischen Methode der Dekomposition, der eigentliche Beitrag seines Ansatzes zu finden sei, und verbindet das mit einer drastischen Absage an die Planungsmethodik insgesamt: „Ich möchte klarstellen, daß ich die ganze Idee, Entwurfsmethoden zum Gegenstand theoretischer Untersuchungen zu machen, ablehne, da ich es für absurd halte, die Praxis des Entwurfs von seiner theoretischen Untersuchung zu trennen. Tatsächlich sind die Personen, die sich mit Entwurfsmethoden beschäftigen, ohne selbst zu entwerfen, so gut wie immer frustrierte, saftlose Entwerfer, die den Drang, etwas zu gestalten verloren oder nie besessen haben. Eine solche Person wird niemals fähig sein, irgendetwas Vernünftiges über das Gestalten auszusagen."[85] (Alexander 1964(1971), Vorwort)
In seinen späteren Arbeiten – auf die ich im nächsten Kapitel zu sprechen kommen werde – entwickelt Alexander die ‚constructive diagrams' in ‚patterns' weiter, die als Offenbarung ewiggültiger Werte einer *Timeless Way of Building* verstanden werden müssen (Alexander, Mishikawa et al. 1977; Alexander 1979). Der Ansatz, wie er ihn in den *Notes on the Synthesis of Form* beschreibt, ist dagegen offener: Wenn ein ‚Set von Problemen' in ein Diagramm übersetzt wird, dann *kann* eine traditionelle Lösung entstehen (und

es ist sogar sehr wahrscheinlich, daß eine solche entstehen wird); die Lösungen sind aber nicht von vornherein auf bestimmte tradierte Archetypen beschränkt.

Planung als Suchproblem

Alexander verwendet den Computer bei seiner in den *Notes on the Synthesis of Form* beschriebenen Methode als ein *Medium*, das ihm hilft, ein Problem besser zu verstehen, etwa so, wie ein Biologe ein Mikroskop als Medium benutzt. Von den drei Schritten Analyse, Synthese und Evaluation läßt Alexander nur den ersten durch den Computer unterstützen, und auch dort nur in einem klar abgegrenzten Bereich, nämlich zur Ermittlung der korrekten Gruppierung von Problemen in möglichst unabhängige Teilprobleme[86]. Die überwiegende Mehrheit der Theoretiker betrachteten den Computer dagegen Anfang der sechziger Jahre als eine *Maschine*, die Lösungen generieren und bewerten sollte. Der professionelle, seine Individualität betonende Gestalter sollte durch den Computer oder bestenfalls durch computerunterstützte, anonyme Entwurfsteams abgelöst werden – wobei „anonym" als durchaus positiver Begriff analog zur „anonymen Architektur" zu verstehen ist. Beispiele dafür sind Nicholas Negropontes *Soft architecture machines* (Negroponte 1975) und Yona Friedmans *Flatwriter* (Steadman 1983, p 144). Der Name „Flatwriter" leitet sich von der Analogie zu einer Schreibmaschine her, deren Typen aus Symbolen für räumliche Elemente bestehen und es dem Benutzer erlauben, sich den Plan seines Hauses selbst zu erzeugen. Aber im Unterschied zu einer Schreibmaschine verfügt der „Flatwriter" über Intelligenz und hilft dem Benutzer, die Anforderungen, die er an sein Haus hat, unbeeinflußt von den formalen Idiosynkrasien eines professionellen Planers zu realisieren[87]. Negroponte geht zusätzlich davon aus, daß Computer als lernfähige Maschinen ihre eigenen, den menschlichen überlegenen Designmethoden und Methodologien entwickeln würden (Negroponte 1975, p 47) und spricht daher dezidiert von einer spezifischen „Maschinenintelligenz", ohne die CAAD in eine Sackgasse führen würde[88].
Im Gegensatz dazu sprachen andere Theoretiker von „künstlicher Intelligenz"[89] (KI) und verstanden darunter die „Simulation menschlicher kognitiver Prozesse" mit Hilfe des Computers. Man wollte dabei der Frage nachgehen, wie Gestalter tatsächlich dachten, um dieses Denken auf dem Computer simulieren und perfektionieren zu können[90]. Herbert A. Simon entwarf Ende der sechziger Jahre in diesem Sinn das Konzept der *Wissenschaften*

vom Künstlichen (Simon 1981). Er geht dabei von einer radikal behavioristischen Annahme aus: „Der Mensch – als handelndes System betrachtet – ist ziemlich einfach. Die offensichtliche Komplexität seines Verhaltens in der Zeit spiegelt großteils die Komplexität der Umwelt wider, in der er sich befindet" (Simon 1981, p 65).

Planung[91] ist, so betrachtet, eine Abfolge von Reiz-Reaktions-Zyklen in einer komplexen Umwelt, bei der mögliche und sinnvolle Schritte, die von einem *unerwünschten* Ausgangszustand wegführen, so lange systematisch erprobt werden, bis ein Zustand erreicht ist, der sich durch *erwünschte* Kriterien auszeichnet (ibid p 223). „Menschliches Problemlösen ist eine Form der Analyse von Mittel und Zweck [means-end-analysis], bei der zu einem gewünschten Ziel die Beschreibung des notwendigen Lösungswegs herausgefunden werden soll. [...] Der Großteil wissenschaftlicher Aktivitäten ist eine Anwendung dieses Paradigmas: zu einem gegebenen Naturphänomen die Differentialgleichungen jener Prozesse zu finden, die dieses Phänomen erzeugen."[92] (ibid p 224)

Gestaltung wird in diesem Konzept zu einem Suchproblem: Lösungen werden generiert, mit den Zielen verglichen, und die jeweils geeignetste ausgewählt. Im Prinzip basiert dieses Verfahren auf der Versuch-und-Irrtum-Methode. Das Wesentliche an Simons Vorschlag liegt in der *schrittweise* erfolgenden Transformation des Ausgangszustands, also in der prozeß-, nicht in der produktbezogenen Anwendung dieser Methode: statt eine große Zahl fertiger Varianten miteinander zu vergleichen, können in Simons Konzept schon nach wenigen Schritten die vielversprechenden von den unproduktiven Lösungswegen getrennt werden (Simon spricht vom „Beschneiden des Suchbaums um unproduktive Äste"). Die dazu notwendigen Techniken sind unabhängig vom jeweiligen Anwendungsbereich, und Simon entwickelt daher die Idee eines „Allgemeinen Problemlösers" [General Problem Solver (GPS)]. Ein GPS muß für ein gegebenes Problem den jeweils aktuellen Zustand und den Zielstand sowie die möglichen Transformationsschritte repräsentieren können; und er muß über einen Evaluationsmechanismus verfügen, der die durch eine Transformation erreichten Veränderungen bewertet (ibid p 142). Ein GPS wählt aus allen möglichen Lösungen, die erzeugt werden könnten, eine ausreichend geeignete, wenn auch nicht unbedingt die optimale aus.

Um architektonische Gestaltungsaufgaben in diesem Sinn lösen zu können, ist ein „Entwurfs-Generator" notwendig, der nicht einfach Lösungen abwandelt, sondern schrittweise erzeugt. Ein solcher Entwurfsgenerator muß über ein Repertoire von Grundformen und einen Satz von Regeln für die Kombination und Transformation dieser Grundformen verfügen, ähnlich jenem System, das Durand zur „Komposition jedes beliebigen Gebäudes" empfohlen hat. Unter dem Einfluß der linguistischen Forschungen Noam Chomskys entwickelte George Stiny Anfang der siebziger Jahre unter dem Namen „shape-grammar" (Formengrammatik) einen Formalismus, den man als logisch präzisere Form von Durands Methode interpretieren kann (Stiny und Gips 1972; Gips und Stiny 1980; Krishnamurti und Giraud 1986). Formengrammatiken sind eine Möglichkeit, mit wenigen Festlegungen einen großen Lösungsraum zu beschreiben, wie ja auch Durand mit seiner Methode die unbeschränkte Zahl von Lösungen auf eine möglichst einfache Darstellung zurückführen wollte. Formengrammatiken bestehen aus einem Vokabular von Grundelementen und einer Syntax in Form von Wenn-Dann-Regeln, die die zulässigen Transformationen beschreiben. Die linke Seite der Regel beschreibt einen Ausgangszustand, die rechte Seite einen im Rahmen der Grammatik zulässigen Ergebniszustand. Genauso wie bei Durand gibt es Symbole, die als Variable stellvertretend für andere auftreten (bei Durand etwa Achsen und Subachsen) und Terminalsymbole, also Symbole, die nicht weiter transformiert werden können (bei Durand etwa Säulen und Öffnungen).

Daß dieses Modell tatsächlich den Gestaltungsprozeß beschreibt, nach dem menschliche Gestalter verfahren, wurde jedoch bald aus verschiedenen Gründen bezweifelt. Einerseits stießen die Verfahren von generate-and-test trotz aller heuristischen Verbesserungen bei realistischen Problemstellungen bald an die Grenzen der theoretisch möglichen Rechenleistung von informationsverarbeitenden Systemen, ein Problem, das als „kombinatorische Explosion" bezeichnet wurde. Damit war der Wert des Modells aus beiden Erkenntnisperspektiven der KI in Frage gestellt: Weder konnte es das tatsächliche menschliche Problemlösen erklären (denn auch ein Gehirn hat, als informationsverarbeitendes System betrachtet, eine beschränkte Leistung und wäre damit dem Problem der kombinatorischen Explosion unterworfen), noch konnte es weiterhin als ‚besseres', weil objektiveres Verfahren des Problemlösens gelten. Denn wo es sich als effizient erwies, also bei kleinen Problemen, die von der kombinatorischen Explosion nicht betroffen waren, war es nicht effektiv (da diese Probleme sich auch mit konventionellen Verfahren gut lösen ließen), und wo es effektiv gewesen wäre, also bei wirklich komplexen, mit konventionellen Methoden schwer handhabbaren Problemen, war es nicht effizient.

Auf der anderen Seite ergaben Untersuchungen, die im Rahmen der „cognitive sciences" durchgeführt wurden, starke Hinweise dafür, daß selbst kognitive Leistungen, wie das Verstehen von Sprache oder von Situationen, zu einem großen Teil nicht auf syntaktischer Analyse, sondern auf dem direkten Vergleich mit Mustern beruhen (Minsky 1975). Daraus ergab sich im Bereich der Forschung auf dem Gebiet der KI eine Verschiebung des Interesses hin zu Fragen von Erinnerung und Gedächtnis und zu Konzepten wie „analogischem" und „fall-basiertem" Verstehen und Problemlösen (vgl. Schank and Abelson 1977; Winston 1980; Schank 1982; Hammond 1989). Psychologische Untersuchungen, die sich mit den Methoden beschäftigten, die beim Architekturentwurf tatsächlich angewendet werden, brachten parallel dazu das für praktizierende Architekten wenig erstaunliche Ergebnis zu Tage, daß Gestalter nicht in einem durch formale Grammatiken determinierten Lösungsraum nach einer Lösung suchen, sondern meist von Präzedenzfällen und von Analogien ausgehen, die sie auf die konkrete Situation übertragen und anpassen (Akin 1986).

Eine solche Überlegung führt zwangsläufig zur prinzipiellen Kritik an dem Paradigma, daß „Gestaltung" gleichzusetzen sei mit „Problemlösen"[93]: Die wichtigste Einschränkung ist, daß das Problem zu Beginn in der Regel nicht vollständig beschrieben ist. Gestaltung ist immer *auch* Gestaltung des Problems, ein Gedanke, der uns bereits im letzten Abschnitt bei Alexander begegnet ist, wenn er davon spricht, daß Planung die aktive Interpretation und Deutung des Kontexts miteinschließt. Das Verwenden von Analogien und Präzedenzfällen ist daher nicht – wie Simon behauptet hatte – als Relikt der „Kochbuchmethoden, die den Bereich der Gestaltung in Verruf gebracht" (Simon 1981, p 156) hätten, anzusehen. Analogien und Präzedenzfälle sind in unklaren Problemsituationen essentiell: einerseits, um unter oft widersprüchlichen Bedingungen das Problem überhaupt ‚verstehen', also im oben angesprochenen Sinn ‚gestalten' zu können; andererseits als hypothetische Lösungen oder Teillösungen, nicht unbedingt als fertiges Lösungsmuster, zumindest aber als brauchbare Ausgangsbasis. Sie sind ein wesentlicher Teil des komplexen, fachbezogenen Wissens, das jeder Planer bei der Lösung eines Problems einsetzt.

Herbert Simon selbst nahm in die Neuauflage seiner Arbeit *The Sciences of the Artificial* ein Kapitel mit dem Titel *Remembering and Learning – Memory as Environment for Thought* auf. Darin versucht er seinen behavioristischen Ansatz zu verteidigen, indem er „Erinnerung" zum Bestandteil des Kontexts erklärt. Seine These, daß der Mensch ein einfaches System in einer komplexen Umwelt sei, könne aufrechterhalten werden, „wenn man den Kokon von Informationen in Büchern und im Langzeitgedächtnis, den der Mensch um sich webt, als Teil der Umwelt betrachtet" (Simon 1981, p 126). Dieses Wissen für spezifische Bereiche darzustellen und nutzbar zu machen, wurde seit Mitte der siebziger Jahre zu einem zentralen Thema der KI-Forschung und mit Beginn der achtziger Jahre zu ihrem ersten kommerziell erfolgversprechenden Zweig. Die neuen Schlagworte hießen „Knowledge Representation" und „Knowledge Based Systems", also Wissensrepräsentation und wissensbasierte Systeme.

6 Typologie und Wissensrepräsentation

Der Begriff ‚wissensbasierte Systeme' wurde Anfang der achtziger Jahre geprägt (Buchanan 1982; Hayes-Roth, Waterman et al. 1983; Lenart 1991). Er bezeichnet „Computersysteme, die menschliches Wissen über einen bestimmten Bereich formalisieren und nutzbar machen" (Coyne, Rosenman et al. 1990, p 35). Der Unterschied zwischen ‚wissensbasierten Systemen' und ‚gewöhnlichen Computerprogrammen' läßt sich entweder ideologisch oder technisch formulieren: In der ideologischen Formulierung, die gewissermaßen die Aura, mit der sich die KI-Forschung umgeben hatte, bewahrt, sind ‚wissensbasierte Systeme' Computerprogramme, die – etwa in der Form von ‚Expertensystemen' – menschliche Entscheidungsträger *ersetzen* (und nicht etwa nur unterstützen) können; in der technischen Formulierung sind ‚wissensbasierte Systeme' ein pragmatischer Versuch, das ‚Programmieren von Computern' für bestimmte Aufgaben durch im Rahmen der KI-Forschung entwickelte Werkzeuge und Techniken zu verbessern.

Prinzipiell unterscheiden sich ‚wissensbasierte Systeme' von anderen Programmen dadurch, daß sie das Wissen über Sachverhalte unabhängig von der Art, in der dieses Wissen verarbeitet wird, darstellen. Die strikte Trennung zwischen ‚Schlußfolgerungsmechanismus' und ‚Wissensrepräsentation' ist daher ein entscheidendes Charakteristikum. Die Vorteile dieser Trennung liegen in der leichteren Wartbarkeit und Erweiterbarkeit der Systeme sowie in der Möglichkeit, für eine Aufgabe – unabhängig von verarbeitungsbezogenen Überlegungen, die mit der Aufgabe nichts zu tun haben – die geeignetste Art der Repräsentation zu wählen.

Unter ‚Repräsentation' ist dabei allgemein eine „explizite, symbolische Darstellung einer Realität oder einer Idee zum Zweck der Kommunikation und Präsentation" (Kalay 1991) zu verstehen. Je nach Aufgabe kann es sich bei der Repräsentationsform eines ‚wissensbasierten Systems' um eine regelbasierte Darstellung, ein semantisches Netzwerk, oder um ‚frames' handeln. Regelbasierte Systeme stellen Sachverhalte als ein Aggregat von Fakten und Regeln dar, frame-basierte Systeme als ein Aggregat von prototypischen Klas-

sen und ihren Instanzen, semantische Netzwerke als Netz von Knoten und verschiedenen Typen von Beziehungen zwischen diesen Knoten.
Solange man wissensbasierte Systeme als *Werkzeuge* betrachtet, die klar definierte Aufgaben lösen sollen, sind diese Repräsentationsarten primär als hochentwickelte Programmiertechniken zu verstehen, die in bestimmten Fällen den konventionellen prozeduralen Techniken überlegen sind. Der Großteil der erfolgreichen wissensbasierten Systeme fällt in diese Kategorie. Werden wissensbasierte Systeme dagegen ideologisch im Sinne der klassischen KI als *Systeme, die menschliches Denken simulieren und damit ersetzen sollen*, verstanden, dann implizieren diese Repräsentationsformen jeweils bestimmte ‚Weltbilder' (Davis, Shrobe et al. 1993)[94]. Die Systeme, mit denen sich dieses Kapitel beschäftigen wird, fallen in die letztere Klasse; das Interesse wird dabei vor allem der Untersuchung dieser in der Regel nicht ausgesprochenen ‚Weltbilder' gelten.
Auf Typologie als eine Methode zur Abstraktion und Generalisierung von Sachverhalten wird in den Konzepten für ‚wissensbasierte Entwurfs- und Planungssysteme' häufig Bezug genommen. Drei Konzepte seien in dieser Hinsicht genauer untersucht: erstens das auf Archetypen beruhende Konzept der *Pattern Language* Christopher Alexanders, zweitens Formengrammatiken, die als Wissensrepräsentation eine eigene, über das mechanische Erzeugen von Formen hinausgehende Bedeutung bekommen, und drittens das Konzept der ‚Prototypen'. Die *Pattern Language* darf meiner Ansicht nach zu den wissensbasierten Systemen gerechnet werden, obwohl sie ‚nur' als Buch und nicht als Computersystem realisiert wurde. Sie in diese Betrachtung einzubeziehen, erscheint schon deswegen sinnvoll, weil die *Pattern Language* das einzige ‚fertig implementierte' umfassendere wissensbasierte Entwurfs-System ist.

Patterns

Christopher Alexander hat bereits Ende der sechziger Jahre den Rang der mathematischen Behandlung des Dekompositionsproblems für architektonische Aufgaben in Frage gestellt. 1971 schreibt er in einem Vorwort zu einer Neuauflage der *Notes on the Synthesis of Form*:: „Eine Idee erscheint mir ganz klar als die wichtigste in diesem Buch: *die Idee der Diagramme.* [...] Viele Leser haben sich auf die Methode, die zu diesen Diagrammen führt, konzentriert und nicht auf die Diagramme selbst, und sie haben sogar

einen Kult daraus gemacht, dieser Methode zu folgen, was ich sehr bedaure."
(Alexander 1964(1971))

Für Alexanders spätere Arbeit bleiben aus den *Notes on the Synthesis of Form* im wesentlichen drei Überlegungen gültig: die korrekte Dekomposition von Planungsaufgaben in unabhängige Teilaufgaben spielt eine zentrale Rolle; die Lösung dieser Teilaufgaben kann am besten über eine allgemeine Zwischendarstellung – etwa in Form von ‚constructive diagrams' – gefunden werden; Gesamtlösungen entstehen aus der Kombination derartiger Teillösungen.

Die Diagramme nennt Alexander in seinen späteren Arbeiten ‚Patterns'. Ein Pattern ist definiert als in sich abgeschlossenes Konzept, das die Struktur eines häufig in der Umwelt wiederkehrenden Problems und die allgemeinen Eigenschaften von Bauten oder Plänen, die dieses Problem lösen, sowie den Kontext beschreibt, in dem diese Lösungen gültig sind. (Alexander, Silverstein et al. 1975, p 102) Die Frage, wie man solche in sich abgeschlossene Konzepte ermitteln könne, beantwortet Alexander prinzipiell anders als in den *Notes*, sowohl was die Methode der Dekomposition als auch was den Inhalt der einzelnen Patterns betrifft: Während er in den *Notes* eine mathematische Methode beschreibt, mit der man für eine *spezifische* Aufgabe eine korrekte Dekomposition durchführen könnte, schlägt er nun die Untersuchung von Präzedenzfällen vor. Aus dieser Untersuchung ließe sich eine *allgemeingültige* Dekomposition ermitteln und diese dann auf konkrete Situationen anwenden. Dasselbe gilt für den Inhalt der einzelnen Patterns, der nun ebenfalls aus der Analyse von Präzedenzfällen gewonnen werden soll. Alexander nimmt an, daß es für die meisten Probleme archetypische und oft kulturübergreifende Lösungen gibt, da die zugrundeliegenden menschlichen Bedürfnisse sich nicht oder nur wenig verändern würden.

Auf dieser Überlegung aufbauend, entwickelte Alexander das Projekt einer *Pattern Language*, das 1967 in dem von ihm gegründeten ‚Center for Environmental Structure' in Berkeley begonnen wird. Im Rahmen des Projekts erscheinen drei Bücher, die zusammen „die Grundlage einer völlig neuen Auffassung von Architektur, Bauen und Stadtplanung schaffen sollen, von der wir hoffen, daß sie die existierenden Ideen und die existierende Praxis vollständig ersetzt" (Alexander, Silverstein et al. 1975). Das erste Buch, *The Timeless Way of Building* (Alexander 1979), bietet eine theoretische Einführung, das zweite, *A Pattern Language* (Alexander, Mishikawa et al. 1977; Alexander, Mishikawa et al. 1995), eine Sammlung von rund 250 Patterns, das dritte, *The Oregon Experiment* (Alexander, Silverstein et al. 1975), ein praktisches Anwendungsbeispiel.

Das Kernstück dieser Reihe ist *A Pattern Language*. Während die anderen beiden Bände in ihrer Struktur nicht von üblichen Büchern abweichen, hat die *Pattern Language* einen besonderen Aufbau. Jedes einzelne Pattern ist in sich folgendermaßen gegliedert : Es besteht aus seinem Namen; einer kurzen Beschreibung des Problems, um das es geht; einer Abbildung, in der eine reale, möglichst typische Lösung des Problems dargestellt ist; einer Diskussion des Problems; und schließlich einer klaren Handlungsanweisung und einem Diagramm, das die Lösung illustriert[95]. Diese Darstellung entspricht der Verbindung von „requirement diagram" und „form diagram" in einem kommentierten „constructive diagram"; einzig neu ist die Einbeziehung eines archetypischen, konkreten Lösungsbeispiels.

Zusätzlich sind die Patterns untereinander hierarchisch verbunden: Zu Beginn der Beschreibung werden jene anderen Patterns aufgelistet, die es voraussetzt oder ergänzt, am Ende jene Patterns, die zu seiner Verfeinerung notwendig sind. Insgesamt bilden die Patterns daher ein Netzwerk, in dem das Problem des ‚Machens von Gebäuden und Städten' bereits in die relevanten und korrekt miteinander verbundenen Teilprobleme gegliedert ist – genau jene Aufgabe, die Alexander als eine der entscheidensten im Entwurfsprozeß definiert hat.

Durch diese vernetzte Struktur ist die *Pattern Language* nicht nur eine Sammlung von architektonischem Wissen über einzelne Probleme, sondern zugleich ein Entwurfssystem, das den Benutzer beim Entwurf leitet. Das Problem der falschen sprachlichen Konzepte, in denen sich Planer und zukünftige Benutzer verfangen könnten, wird durch diese vorweggenommene Dekomposition – wenn man bereit ist, sie zu akzeptieren – aufgehoben: ist beim Entwurf eines Spitals einmal der richtige ‚Einstiegsknoten' (das Pattern Nr.42 ‚Health Center') gefunden, dann ergibt sich die weitere Dekompostion aus der Verfolgung der angegebenen Verbindungen[96].

Diese Festlegung erscheint im Vergleich zur Methode, die Alexander in den *Notes* angibt, äußerst statisch und unflexibel. Die dort vorgesehene Dekompositionsmethode erleichterte die Analyse und machte sie rational kritisierbar. Die Inhalte der Analyse, die spezifische Interpretation des Problems durch den Architekten blieben jedoch ebenso offen wie die Auflösung in Diagramme und die endgültigen formalen Lösungen. In der *Pattern Language* gibt das System dagegen die wesentlichen Entwurfsschritte vor – Dekomposition und typische Lösung.

Diese Inflexibilität des Systems muß aber in bezug auf ein neues Ziel relativiert werden, das Alexander in der *Pattern Language* verfolgt: Im Gegensatz zu den *Notes* betrachtet er Gestaltung nun als kollektiven Prozeß und nicht

mehr aus der Perspektive eines einzelnen Gestalters. Die *Pattern Language* ist der ehrgeizige Versuch, eine kollektive Tradition auf künstlichem Weg und *unter den Bedingungen einer offenen Gesellschaft* wiederherzustellen. Jedes Pattern ist die Grundlage „einer gemeinsamen Übereinstimmung in einer Gemeinschaft" (Alexander, Silverstein et al. 1975, p 101). Es ist daher „als Aussage über ein generelles Planungsprinzip so formuliert, daß seine Richtigkeit oder Falschheit empirisch bestätigt, öffentlich diskutiert und von einem Planungskomitee, das für die gesamte Gemeinschaft spricht, angenommen oder nicht angenommen werden kann" (ibid). Das bedeutet, daß Patterns verändert und neue, aufgabenspezifische Patterns geschaffen werden sollen. Für die Einbindung dieses diskursiven, sozialen Moments in sein System nimmt Alexander in Kauf, daß die Interpretation des Kontexts durch den einzelnen Architekten, die er in den *Notes* noch am Beispiel Le Corbusiers als wichtig betont hatte, zugunsten demokratischer Prozesse zurücktritt.
Alexander weist immer wieder darauf hin, daß es ihm um eine Gesamtreform des Bauens als kultureller Handlung geht. Seine Kritik an der Stadt des Konsums ist um nichts weniger radikal als jene Aldo Rossis. Auch in seiner Ursprungssehnsucht, in der Suche nach Archetypen, zeigen sich Parallelen, nicht jedoch im Produkt: Wo Rossi von Architektur-Philosophen Ewigkeitswerte beschwören läßt, spricht Alexander vom Ende des professionellen Architekten und radikaler Partizipation, allerdings im Rahmen einer ewiggültigen, zeitlosen Art des Bauens – *Timeless Way of Building*.
Welche Schlüsse kann man aus der *Pattern Language* in bezug auf wissensbasierte Systeme ziehen? Ein interessanter Aspekt ist, daß trotz der scheinbaren Neutralität des Systems der *Pattern Language*, mit der sich ja im Prinzip jede beliebige Aussage aussprechen läßt, allein durch die Struktur ein starker Einfluß auf die möglichen Produkte besteht: Die wenigen Projekte, die tatsächlich nach dieser Methode realisiert wurden, haben einen additiven Charakter, der nicht nur durch das Prinzip des ‚schrittweise erfolgenden Wachstums', sondern durch das System selbst bestimmt ist. Die Auflösung des Ganzen in Patterns läßt sich nicht dadurch kompensieren, daß man ein Pattern für ‚das Ganze' einführt.
Ein anderer Aspekt ist, daß die Entstehung eines Projekts aus in Patterns darstellbaren Überlegungen die Inkorporation von ungewöhnlichen, neuen Einflüssen, die innovative Interpretation des Kontexts, schwierig macht. Die *Pattern Language* als Medium der Wissensrepräsentation verlangsamt die Reaktionsfähigkeit des Gestaltungsprozesses, da jeder neue Gedanke diskutierbar in Form eines Patterns dargestellt werden muß. Darin liegt auch einer der Hauptgründe für die geringe Akzeptanz der *Pattern Language*,

die zwar als Lesebuch, aber kaum als Methode der Gestaltung angenommen wurde. Eine computergestützte Form der *Pattern Language* würde diese geringe Reaktionsfähigkeit nicht verbessern können, da der Aufwand für die Erarbeitung eines Patterns ja weniger ein technisches, als ein geistiges Problem ist[97].

Formengrammatiken

Das Prinzip der Formengrammatiken ist bereits im Abschnitt „Die Wissenschaften vom Künstlichen" (S. 79f) kurz vorgestellt worden. Dort wurde eine Formengrammatik als ein Lösungsgenerator bezeichnet, der durch die Anwendung einer Syntax auf ein bestimmtes Vokabular jenen Raum zulässiger Lösungen erzeugt, innerhalb dessen die Suche nach einer geeigneten Lösung stattfindet. Eine Grammatik ist nicht die einzige Möglichkeit, einen Satz von miteinander verwandten Lösungen darzustellen. Die einfachste, aber nur für eine geringe Anzahl von Lösungen sinnvolle Möglichkeit ist die vollständige Auflistung von Lösungen in Form eines Katalogs; eine andere Möglichkeit ist die Darstellung von einigen typischen Lösungen zusammen mit Regeln, wie diese Lösungen abgewandelt werden können; eine weitere Möglichkeit besteht darin, einen Algorithmus zur Erzeugung von Varianten zu formulieren (Gips and Stiny 1980, p 399). Was die Verwendung von Formengrammatiken im Kontext der wissensbasierten Systeme attraktiv macht, ist, daß sie auf demselben Prinzip beruhen, nach dem viele ‚Expertensysteme' aufgebaut sind, nämlich einer Darstellung in Form von Fakten und Regeln. Es war daher naheliegend, intelligente Design-Systeme vorzuschlagen, die sowohl für den Entwurfsgenerator als auch für die Bewertung von Lösungen diesen einheitlichen Formalismus verwenden.
William J. Mitchell schlägt auf dieser Basis folgendes Modell von *Design as Computation* vor: „Der Prozeß der Lösungsfindung für ein Entwurfsproblem basiert auf der Methode von Versuch und Irrtum, wobei Regeln benutzt werden, um versuchsweise Lösungen zu generieren und dann Prädikate zu berechnen, um festzustellen, ob diese Lösungen akzeptable Lösungen sind." (Mitchell 1990, p 179) Es handelt sich dabei um nichts anderes als um einen Prozeß von ‚Generieren und Testen' in einem Lösungsraum. Was dieses Konzept im Zusammenhang mit Typologie interessant macht, ist, daß Mitchell seine Formengrammatiken mit Typen gleichsetzt. „Die syntaktischen Regeln, die die abstrakte Welt der Entwürfe beherrschen, etablieren einen architektonischen Typus [...], und die in einer kritischen Sprache ausge-

drückten Prädikate etablieren die Anforderungen eines bestimmten Moments und Kontexts. Die Aufgabe des Entwerfers ist es, den Typus in einer Form zu instantiieren, die diesem gegebenen Moment und Kontext gerecht wird" (ibid). Ein Beispiel dafür ist eine Formengrammatik für die Erzeugung palladianischer Villen, die Mitchell und Stiny entwickelt haben (Stiny and Mitchell 1978). In dieser Formengrammatik sei, so behauptet Mitchell, das gesamte essentielle Wissen zusammengefaßt, das zur Erzeugung palladianischer Villengrundrisse notwendig ist. Mit insgesamt 72 Regeln lassen sich zuerst die Gitterlinien eines Quadratrasters, dann die Zusammenfassung von Rastereinheiten zu verschieden geformten Raumeinheiten und schließlich die Detaillierung von Portikus und Öffnungen darstellen. (Die Anpassung des Rasters an palladianische Proportionen ist in diesen Regeln allerdings nicht enthalten, und für einige Elemente, wie die Grundanordnung des Portikus, müssen die Lösungen in Katalogform aufgezählt werden.) Diese Grammatik erzeugt sämtliche in Palladios *Quattro Libri* publizierten einachsig symmetrischen Grundrisse sowie einen umfangreichen Katalog zusätzlicher Varianten. 25
Die Beziehung von Typ und Grammatik bei Mitchell hat eine Ähnlichkeit mit Durands System, allerdings mit einer wesentlichen Einschränkung: Bei Durand waren Entwurfsmechanismus und Typologie zwei *komplementäre* Betrachtungsweisen von Architektur, aber sie waren nicht identisch. Durand kombinierte den ‚Entwurfsmechanismus' als ein Werkzeug, das die korrekte Anordnung von Elementen sichern soll, mit der Sammlung von ausgewählten Beispiellösungen für bestimmte Aufgaben. Dort präsentierte er formal-funktionale Einheiten nach dem Vorbild jener organischen Systeme, wie sie Cuvier im Bereich der Biologie beschrieben hatte. In Durands Typologie ist soviel Grammatik, wie umgekehrt in der Grammatik Typologie zu finden ist. Die Gleichsetzung von Typ und Grammatik, die Mitchell vornimmt, bedeutet dagegen, daß sich der Typ ausschließlich auf formale Probleme bezieht. Die im Typ – in der üblichen und auch von Durand durchaus beibehaltenen Betrachtungsweise – immer schon kodierte Beziehung zwischen Form und Funktion muß daher in einen völlig unabhängigen Bereich verlagert werden. Um einen (durch eine Grammatik spezifizierten) Typ in einem konkreten Kontext instantiieren zu können, müsse ein intelligentes Design-System über eine „kritische Sprache" verfügen, die den Zusammenhang zwischen den Formen und ihrem Funktionieren im jeweiligen Kontext beschreibt und damit den Entwurfsprozeß steuert (ibid p 60).
Die Schwierigkeit dieses Unternehmens liegt nun aber genau darin, daß die Darstellung eines Typs durch ein Vokabular und ein System von Regeln allein äußerst ungeeignet ist, die Semantik der resultierenden Formen zu

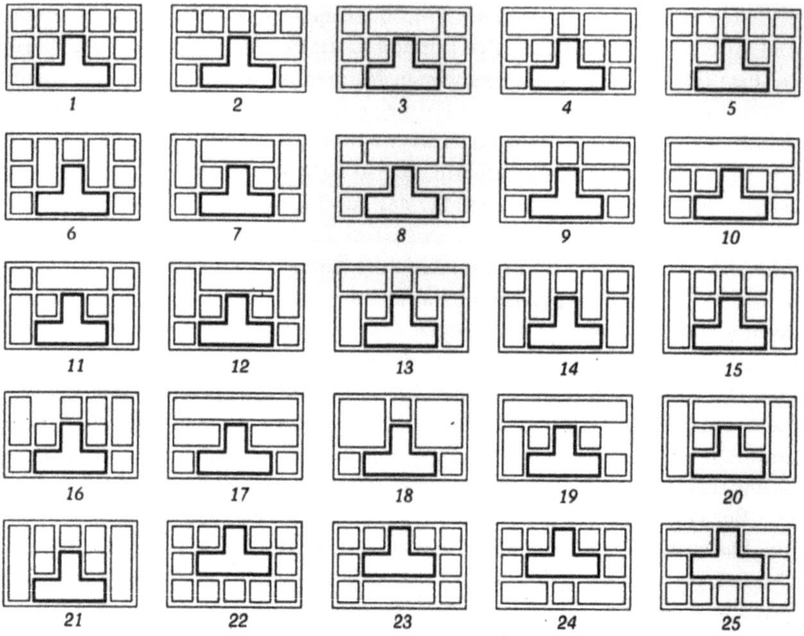

Villa Vine

Villa Hollywood

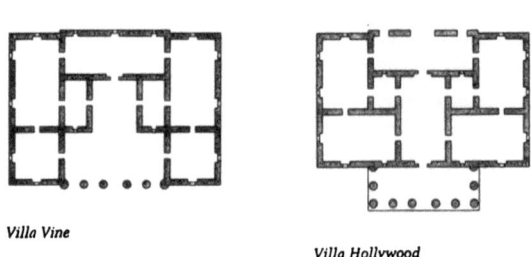

25 Palladian Grammar, 25 von 78 Varianten mit T-förmigem Zentralraum sowie zwei ‚neue' Villenentwürfe, aus: William Mitchell, The Logic of Architecture

repräsentieren. Die hierarchische Gliederung eines Objekts in seine funktionellen und strukturellen Teile ist durch eine Formengrammatik nicht notwendigerweise beschrieben, auch wenn diese die Form des Gesamtobjekts bis ins Detail generieren kann. Genau auf diese funktionellen und strukturellen Merkmale wird sich aber eine kritische Sprache im Entwurfsprozeß beziehen müssen. Mitchells Vorschlag, wie eine Übersetzung zwischen diesen Bereichen geleistet werden kann, zeigt bereits, daß die Vorstellung einer rein regelbasierten Darstellung von Entwurfswissen[98] nur in einem sehr beschränkten Ausmaß möglich sein kann: „Für jedes Element in einem Vokabular, für jeden möglichen Kontext und für jede mögliche Rolle in diesem Kontext gibt es Bedingungen funktionaler Angepaßtheit, die als Beschränkungen [constraints] auf die Werte von Form-Variablen ausgedrückt werden können. Die vollständige Charakterisierung eines Elements in einem Vokabular verlangt daher nicht nur die Festlegung der essentiellen formalen Eigenschaften, sondern auch der potentiellen Kontexte, in dem es verwendet werden kann, seiner möglichen Rollen in diesen Kontexten, und der Bedingungen funktionaler Angepaßtheit, die erfüllt sein müssen" (ibid p 217). Versucht man sich diese Beschreibung für komplexere Aufgaben in der Form von Regeln und Fakten konkret vorzustellen, dann bleibt von der Eleganz der Formengrammatiken, von ihrer Möglichkeit, mit geringem Aufwand einen großen Lösungsraum beschreiben zu können, nicht viel übrig (ganz abgesehen davon, daß Mitchell nicht erklärt, auf welcher Ebene der Abstraktion die genannten Beschreibungen zu erfolgen hätten). So sehr Formengrammatiken als Werkzeug zur spielerischen Erzeugung von Formen ihren Wert haben, so wenig läßt sich der Entwurfsprozeß insgesamt auf sie reduzieren. Offensichtlich bestimmt die Repräsentationsform der ‚Grammatik' das Bild, das Mitchell als Theoretiker vom Entwurfsprozeß entwirft. Obwohl er bemüht ist, dieses Bild als weniger „reduktionistisch und mechanistisch" darzustellen, indem er auf die offene Welt der Gestaltung hinweist, in der sich Fakten, Regeln und Ziele in einem „kritischen Diskurs" ununterbrochen verändern würden (ibid p 180), bestimmt dieses Bild doch die Form, in der der Diskurs überhaupt stattfinden kann, und schränkt ihn daher unzulässig ein. Als bloße Hypothese über den Gestaltungsprozeß, unabhängig von einer Implementierung in einem Computersystem, enthält Mitchells Vision eines intelligenten Design-Systems allerdings nur wenig Neues, erschöpft sie sich doch letzlich darin, daß Architekten durch ‚Transformation von Formen' gestalten, daß die Formen und Funktionen einander zu entsprechen hätten, und daß das Ziel der Architektur darin bestehe, „commodity, firmness, and delight" (ibid 207) zu erreichen[99].

Prototypen

In der Theorie der Formengrammatiken spiegelt sich die Tendenz der systematischen Planungstheorien der sechziger Jahre wider, das Hauptinteresse vom Produkt zum Prozeß der Planung zu verlagern. Einen Einfluß auf die Architekturtheorie im engeren Sinn hatte dieser Ansatz nur bis Anfang der siebziger Jahre. Das neuerwachte Interesse an der Frage des Typus zeigt eine deutliche Umkehr: Das architektonische Produkt, seine Form, seine Geschichte, seine Bedeutung stehen jetzt wieder eindeutig im Zentrum der allgemeinen Architekturdiskussion. In der Theorie des CAAD wurde ein ähnlicher Trend erst mit einer Verspätung von mehr als einem Jahrzehnt spürbar, als sich auch dort ein Modell von Planung durchzusetzen begann, das die Rolle von Präzedenzfällen und Vorbildern für wichtig erachtete. Ausgelöst wurde diese Entwicklung jedoch nicht durch den Einfluß der Architekturtheorie – zumindest finden sich in der einschlägigen CAAD-Literatur nur Hinweise auf das Phänomen der Typologie generell, nicht jedoch auf die jüngere Typologiediskussion –, sondern durch Tendenzen in der KI-Forschung. Zum selben Zeitpunkt, als sich die Theorie des CAAD noch primär mit Grammatiken, Layoutgenerierung und Optimierung auf der Grundlage von Beziehungsdiagrammen und ähnlichen Problemen beschäftigte[100], formulierte Marvin Minsky ein Konzept für das ‚Verstehen' von Situationen, das – auf den Bereich des Planens und ‚Handelns' übertragen – als Rückkehr zu den alten Kochbuchmethoden und Beispielsammlungen interpretiert werden kann: „Wann immer der Mensch auf eine neue Situation stößt (oder eine wesentliche Änderung seines Standpunkts vornimmt), wählt er aus seinem Gedächtnis eine Struktur, die ich ‚frame' nenne; ein erinnertes Gerüst, das an die Realität angepaßt werden muß, indem man Details nach Bedarf abwandelt. Ein ‚frame' [repräsentiert] eine stereotype Situation, beispielsweise in einem bestimmten Wohnraum zu sein, oder zum Geburtstagsfest eines Kindes zu gehen" (Minsky 1975).
Minsky nennt diese Überlegung eine „partielle Theorie des Denkens" (ibid); es geht also nicht nur um das Wiedererkennen von Mustern, sondern um das Problemlösen in konkreten Situationen: indem aus Teilinformationen das Gesamtmuster einer Situation gebildet wird, lassen sich Schlußfolgerungen und Handlungen ableiten. (Der ‚frame' eines ‚Geburtstagsfests' läßt auf einen bestimmten, stereotypen Ablauf schließen, der bestimmte Handlungen sinnvoll und andere unsinnig erscheinen läßt.)
In ‚frame'-Systemen wird die Semantik realer Objekte und Situationen durch ihre Zugehörigkeit zu abstrakten Klassen beschrieben. Diese Klassen sind

hierarchisch miteinander verbunden und können Eigenschaften von einer höheren Klasse an eine niedrigere ‚vererben'. Jeder ‚frame' besteht aus erstens seinem Namen, zweitens aus ‚slots', die Eigenschaften bezeichnen, und drittens aus ‚fillers', die entweder die erlaubten Werte, einen default-Wert oder eine Methode zur Ableitung des Wertes enthalten. ‚Frames' können entweder konkrete Objekte oder Klassen von Objekten beschreiben. Die Abstraktionshierarchie der Klassen wird durch Relationseigenschaften beschrieben, die aussagen, daß ein ‚frame' eine Spezialisierung eines übergeordneten ‚frames' ist (z.B.: ein ‹Einfamilienhaus› ‚ist eine Art von' ‹Gebäude›) und daher bestimmte Eigenschaften dieser übergeordneten Klasse erben kann. Ein konkretes Objekt kann ebenfalls als ein ‚frame' beschrieben werden, indem man wiederum seine Zugehörigkeit zu einer oder mehreren Klassen ausdrückt (z.B. ‹mein haus› ‚ist ein' ‹Einfamilienhaus› und ein ‹Holzhaus›) und im ‚frame' ‹Einfamilienhaus› die variablen Eigenschaften soweit erforderlich konkretisiert[101].

Ein Modell des Gestaltungsprozesses auf der Grundlage derartiger Schemata unterscheidet sich wesentlich von jenem Modell des Generierens und Testens von Lösungen, das wir im letzten Abschnitt kennengelernt haben. Statt Lösungen aus Grundelementen zu generieren und dann aufgrund von Teilergebnissen die weiteren Lösungsschritte auszuwählen, kann ein Gestalter, der über eine Sammlung von Schemata verfügt, ein möglichst geeignetes Schema auswählen und dann für den konkreten Bedarf adaptieren. Das Generate-and-Test Verfahren wird damit zwar nicht völlig ausgeschlossen, aber in einen größeren Zusammenhang gestellt. Die Qualität des Entwufs hängt in diesem Modell von mehreren Faktoren ab: einerseits von der Qualität der Präzedenzfälle, deren Abstraktion die Schemata darstellen, anderseits aber von der gewählten Abstraktion selbst sowie von der Fähigkeit, diese Abstraktionen zu adaptieren und mit anderen zu verknüpfen.

Die Beziehung dieses Modells zum ‚typologischen' Entwerfen in der Architektur ist evident. Was dort zu Beginn der achtziger Jahre als Allheilmittel angesehen wurde, um die Versöhnung zwischen Tradition und architektonischer Vision wiederherzustellen, pendelte ebenso zwischen ‚typologischer Analyse' und konkretem, vorbildlichen Präzedenzfall: einerseits Typologie als Abstraktion der *wesentlichen* Eigenschaften bestehender Lösungen, die einen prästabilierten Rahmen schafft, innerhalb dessen neue Lösungen erzeugt werden sollen; anderseits der direkte Verweis auf den tradierten Präzedenzfall, auf bereits bewährte Lösungen, die möglichst direkt übernommen werden könnten.

Computergestützte Werkzeuge zur Darstellung von Typen und Instanzen können natürlich ohne jede Theorie über Schemata oder ‚frames' auskommen: Die Möglichkeit, Objekte zu parametrisieren oder zu programmieren und damit aufgrund einer generellen Spezifikation verschiedene Varianten zu erzeugen, ist in den meisten CAD-Systemen verfügbar[102]. ‚Wissensbasierte Systeme', die menschliche Leistungen nicht nur unterstützten, sondern ersetzen wollen, müssen jedoch ein anderes Ziel im Auge haben: nicht einzelne Werkzeuge, sondern den „komplett automatisierten Gestaltungsprozeß" (Gero, Maher et al. 1988, p 17). Dazu muß nicht nur die formale Methode, sondern der gesamte Prozeß des typologischen Entwerfens ‚berechenbar' gemacht werden.

Ein Modell dafür ist das Konzept der ‚Design-Prototypes' (Oxman und Gero 1988; Gero 1990). Ein ‚Design-Prototyp' ist ein „konzeptionelles Schema, das eine Klasse einer generalisierten heterogenen Gruppierung von Elementen beschreibt, die aus ähnlichen Präzedenzfällen abgeleitet wurden, und das die Basis für den Start und die Weiterverfolgung des Entwurfsprozesses bietet". (ibid p 30) Entwerfen mit Prototypen[103] kann nach Gero als dreistufiger Prozeß betrachtet werden: Analyse der Aufgabe in Hinblick auf ihre Anforderungen, Auswahl eines entsprechenden Prototyps, schließlich die Anpassung des Prototyps an deren Kontext durch Festlegung der noch offenen variablen Parameter, also durch Verfeinerung des Prototyps. Da die Kontext-Bedingungen, unter denen ein Prototyp funktioniert, im Prototyp selbst spezifiziert sind, bietet diese Festlegung offener Parameter zugleich eine erste Evaluation der generierten Lösung. Wenn sich dabei herausstellt, daß die Parameter nicht angepaßt werden können, muß der Prototyp adaptiert (und dabei eventuell mit anderen Prototypen kombiniert) werden. Wenn auch das unmöglich ist, muß ein neuer Prototyp geschaffen werden.

Diese drei Stufen – Prototyp-Verfeinerung, Prototyp-Adaption und Prototyp-Generierung – entsprechen in Geros Modell drei verschiedenen Klassen von Gestaltung: Routine, Innovation und Kreativität. Geros Beispiel für die kreative Schöpfung eines neuen Prototyps ist der Entwurf für die Erzeugung jenes speziellen Schneidewerkzeugs, mit dem sich weichgekochte Eier in exakte Scheiben teilen lassen: Sowohl ein Messer als auch eine Rasierklinge sind für den besonderen Zweck ungeeignete Prototypen, durch Analogie zur Rasierklinge (über die Eigenschaften kleiner Querschnitt, hartes Material) wird der Schneidedraht erfunden und durch syntaktisches Wissen aus anderen Bereichen in ein neues Werkezeug eingebaut. In der Regel, schreibt Gero, ließe sich Kreativität durch eine „rasch aufeinanderfolgende

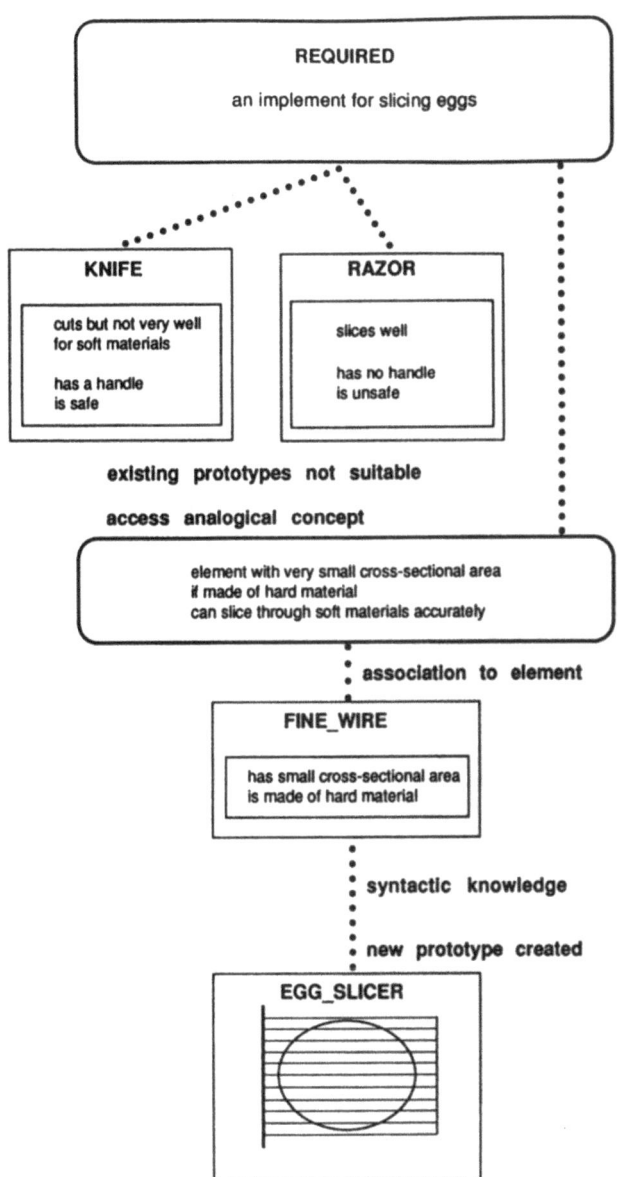

26 Diagramm (Beispiel für Prototyp-Kreation), aus: Coyne et al., Knowledge Based Design Systems

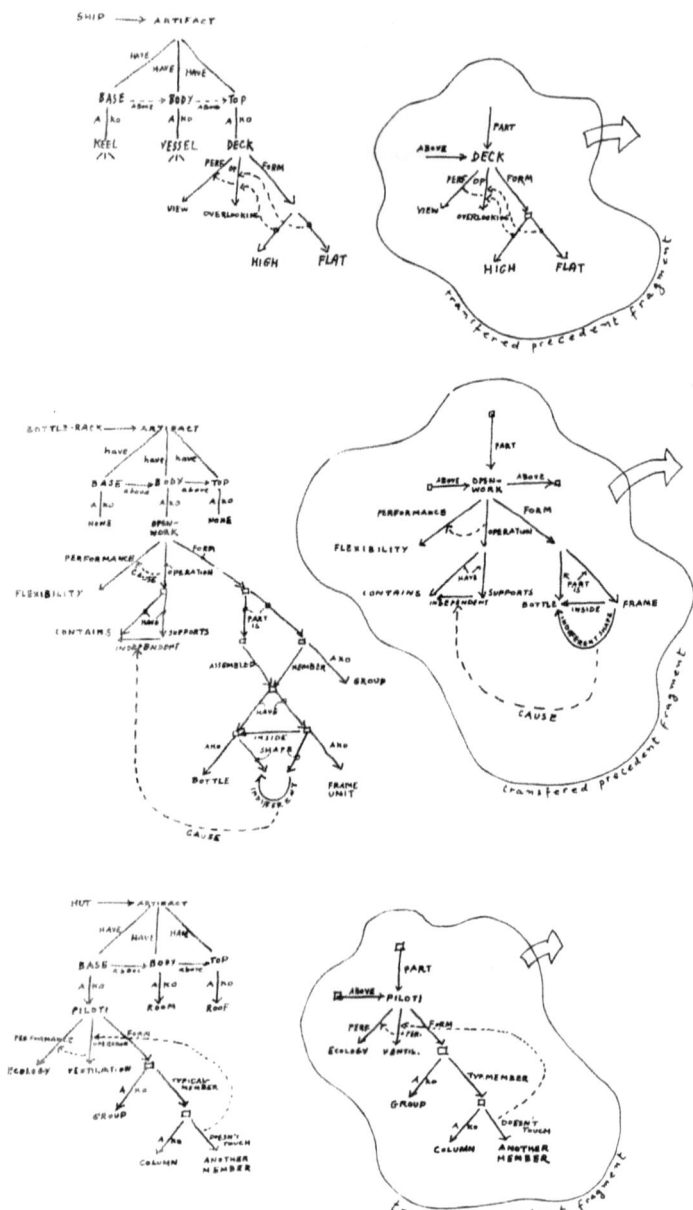

106

27 Alexander Tzonis, Diagramme zum Entwurf durch Analogie

28 Le Corbusier, Skizzen zur Unité d'Habitation

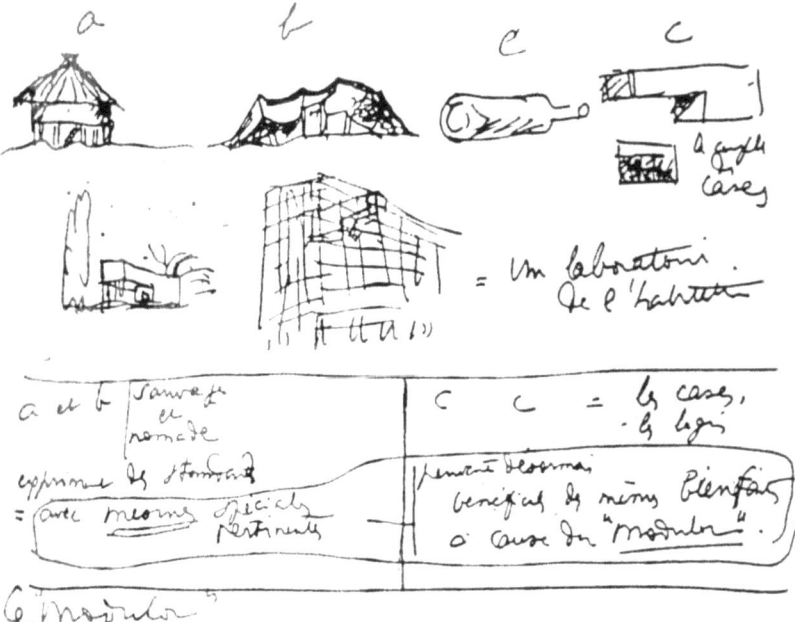

Sequenz von Prototyp-Adaptionen" erklären (Coyne, Rosenman et al. 1990, p 81)[104].
In seiner Idealform ist dieses Konzept der Pattern-Language Alexanders vergleichbar. Auch dort sind die einzelnen Patterns hierarchisch so verbunden, daß übergeordnete Patterns auf jene untergeordneten verweisen, die zu ihrer Konkretisierung notwendig sind (und vice versa). Ich habe Alexanders System als geschlossenes System kritisiert, weil es seinen Benutzern eine bestimmte Form des Diskurses aufzwingt. Wie verhält es sich nun in dieser Hinsicht mit dem Prototyp-Konzept? Hier gilt es, zunächst auf einen entscheidenden Unterschied hinzuweisen. Alexander versteht Patterns als eine bestimmte Ausdrucks- und Kommunikationsform, die im konkreten Prozeß des Bauens verwendet werden soll. Prototypen sollen dagegen den Gestaltungsprozeß an sich simulieren: Der Entwerfer beobachtet gewissermaßen von außen den Prozeß der Formgenese und greift bei Gelegenheit steuernd ein. Während die *Pattern Language* besseres Handeln ermöglichen soll, ist das von Gero verfolgte Ideal der Gestalter, der überhaupt nicht mehr in einer konkreten Situation handelt, sondern in einer abstrakten Welt alles Notwendige spezifiziert hat, sich dann zurücklehnt und zusieht, wie die von ihm geschaffene Maschine ein Problem löst. Die Befriedigung dieses Entwerfers besteht darin, daß die Maschine läuft, daß die Begriffe, mit denen die Prototypen beschrieben werden, ineinandergreifen wie Zahnräder.
Von den großen Hoffnungen der sechziger Jahre, durch eine Architekturmaschine eine ‚vorurteilsfreie' Verbindung zwischen Gestaltungsproblem und Lösung herstellen zu können, ist hier nur noch der entschiedene Wunsch nach Entmystifizierung des Gestaltens geblieben. Während in den sechziger Jahren ‚Kreativität' durch eine Art von ‚bitoechnischem Determinismus' (Colquhoun (1967)1985, p 50) ausgeschaltet werden sollte, wird sie nun zu einem Spiel von Assoziationen, das von symbolverarbeitenden Maschinen nachgespielt werden könne. Damit dieses Spiel beginnen kann, muß zuerst eine abstraktes Weltmodell geschaffen werden: Gero spricht ja davon, daß in Prototypen ‚das gesamte in einer Entwurfssituation notwendige Wissen zusammengefaßt' ist. Wer dieses Wissen in Prototyp-Schemata zu verpacken hätte, erklärt Alexander Tzonis, der einen mit jenem Geros vergleichbaren Ansatz auf der Basis des ‚analogischen' Problemlösens formuliert hat[105]: „Intelligente Designsysteme warten um die Ecke, vorausgesetzt, daß intelligente Designer vorher die erforderliche harte Arbeit leisten." (Tzonis 1992)
Damit ist auch schon klar, daß die beschränkten Beispiele, mit denen Gero und Tzonis die grundsätzliche Plausibilität ihrer Konzepte mehr suggerieren als beweisen wollen, von ihrem Kernproblem ablenken. Natürlich greifen

im einzelnem Beispiel alle Begriffe so ineinander, daß ein kreativer Prozeß ‚nachgestellt' wird. Das Paradebeispiel, mit dem Tzonis argumentiert, ist Le Corbusiers Unité dHabitation. Tzonis zeigt auf, wie die Präzedenzfälle von aufgeständerten Hütten, Flaschenständern und Schiffen in den Entwurf der Unité eingeflossen sind. Den Beweis dafür soll eine Skizze Le Corbusiers liefern, in der er seine Assoziationskette graphisch darstellt. Tzonis übersetzt diese Assoziationskette in ein System von prototypischen Elementen, die jeweils durch Form, Betrieb und Leistung beschrieben sind[106]. Im nachhinein scheint Le Corbusiers Assoziationskette schlüssig zu einem neuartigen Ergebnis, eben der Unité dHabitation, zu führen. Wie aber läßt sich die Informationsmenge bestimmen, die allgemein oder auch nur für eine bestimmte Aufgabe ausreicht, um einen kreativen Prozeß in Gang zu setzen?
Nicholas Negroponte hatte in seiner *Architecture Machine* noch die Konsequenz besessen, die Beantwortung dieser Frage einer eigenen, der menschlichen unter Umständen sogar inkommensurablen Form der ‚Maschinenintelligenz' zu überlassen. Wissensbasierte Entwurfssysteme, wie sie Gero oder Tzonis vorschlagen, bürden diese Aufgabe dagegen dem ‚intelligenten Designer' auf und zwingen ihn, sowohl Wissen als auch Kontext in einem aufwendigen und starren Ausdrucksmedium darzustellen. Das Ergebnis kann bestenfalls jene prästabilierte Harmonie innerhalb eines geschlossenen Systems sein, an der schon die *Pattern Language* in der Praxis scheitern mußte. Kreativität setzt die dauernde Offenheit nach außen voraus, eine kontinuierliche, schöpferische Neuinterpretation von Kontext, Bedingungen und Bedürfnissen. Handeln und Verstehen lassen sich im Bereich des Gestaltens nicht so sauber in zwei selbständige Sphären trennen, wie das die Ideologen wissensbasierter Entwurfssysteme voraussetzen.
Die Welt in einem System abbilden zu können und sie dadurch verfügbar zu machen, ist eine Hoffnung, deren Zusammenbruch schon Ende des 19. Jahrhunderts absehbar war. Die Sehnsucht nach Ordnung und Verstehbarkeit ist dadurch aber nicht geringer geworden. Kaum ein anderer Berufsstand hat diese Sehnsucht so hartnäckig zur Maxime seines Handelns gemacht wie die Architekten und Ingenieure und weiterhin „große Perspektiven" auf einer soliden, wissenschaftlichen Basis versprochen. Der Computer erschien vielen als letzte Hoffnung, dieses Ideal zu erreichen und sich beruhigt zurücklehnen zu dürfen, während das System die Lösung generiert. Diese Hoffnung hat sich als trügerisch erwiesen. Mit ihr wird man den naiven Fortschrittsoptimismus des 19. Jahrhunderts endgültig begraben müssen.

7 Die entfesselte Maschine

Mit dem Scheitern des Versuchs, kreative Maschinen nach menschlichem Vorbild zu schaffen, ist der Traum von der Verstärkung menschlicher Fähigkeiten durch den technologischen Fortschritt an eine Grenze gelangt, die zu Beginn der digitalen Revolution nicht abzusehen war. Noch für Marshall McLuhan waren alle Medien Erweiterungen menschlicher Fähigkeiten; die digitalen Medien sollten für den Geist das leisten, was die mechanischen für den Körper getan hatten: „Das Rad ist eine Erweiterung des Fußes, das Buch eine Erweiterung des Auges, Kleidung eine Erweiterung der Haut, die Elektronik eine Erweiterung des Zentralnervensystems." (McLuhan 1968, p 26) Gemessen an einer solchen Erwartungshaltung sind heutige CAAD-Systeme bestenfalls Prothesen, die verkümmerte Fähigkeiten durch Beschleunigung kompensieren sollen. Sie übertreffen zwar die zeichnende Hand an Geschwindigkeit, heben aber weder Verstand noch Einbildungskraft auf ein neues Wirkungsniveau.

Auf den ersten Blick scheint CAAD damit aus dem Kernbereich der Architektur verbannt zu sein, obwohl computergestützte Verfahren in allen Ingenieurdisziplinen, die mit dem Bauen zu tun haben, tatsächlich zu einem Niveausprung geführt haben. Dort sind Methoden wie die Berechnung bauphysikalischer und statischer Lösungen über Finite Elemente schon längst etabliert, und selbst die in Verruf geratenen Methoden der ‚künstlichen Intelligenz' finden ihre Anwendung bei Optimierungsproblemen, freilich als technische Lösung ohne ideologisches Beiwerk. Natürlich lassen sich diese Verfahren auch umkehren und zur Definition von Formen benutzen, beispielsweise um aus statischen Parametern optimal geformte Konstruktionen abzuleiten. Selbst wenn die entstehenden Formen völlig neu sind, bleibt dieses Verfahren aber im Rahmen einer konventionellen form-follows-function Doktrin immer auf einen Teilbereich beschränkt. Die Herstellung einer zusammenhängenden, großen Ordnung als Reaktion auf komplexe, oft widersprüchliche äußere Bedingungen, wie sie alle beschriebenen Ansätze für computergestützte Entwurfssysteme seit den sechziger Jahren zum Ziel hatten, können sie jedoch nicht leisten.[107]

Was aber geschieht, wenn man CAAD genau von dieser Aufgabe, Ganzheiten zu produzieren, entbindet? Wenn man stattdessen die wesentlichste Qualität der Maschine darin erkennt, Zustände nach festgelegten Regeln, aber ohne jedes vorab festgelegte Ziel transformieren zu können? Wenn der Algorithmus der Transformation zufällig gewählt wird, dann hört eine solche Maschine offensichtlich auf, menschliche Intelligenz oder Kreativität zu simulieren: Sie stellt zwar eine Brücke zwischen Form und Bedingungen her, aber diese Brücke ist nicht mehr begehbar. Sinn macht eine solche paradoxe Entkoppelung im Rahmen eines Unternehmens, das Peter Eisenman als „Überwindung der Metaphysik der Architektur" (Eisenman 1995) bezeichnet hat, und in dem der Computer seit Mitte der achtziger Jahre eine wesentliche Rolle einnimmt.

Eisenman hat einen solchen nicht-intentionalen Prozeß – in bezug auf den Entwurf für das Arts Center der Emory University in Atlanta – einmal folgendermaßen beschrieben: „Wir fragten den Computer nach etwas, das die Topographie, den Campus und die Mathematik der Musik kombinieren würde, und wir taten all diese Dinge zusammen, wie ein Omelett – und diese Formen kamen aus dem Computer." (zit. nach McGuigan 1995) Ein genauerer Blick auf das Projekt zeigt freilich, daß es sich keinesegs um ein Zufallsprodukt handelt, sondern durchaus konventionelle architektonische Vorstellungen erfüllt: An und über ein bestehendes Parkhaus gesetzt, schließt das Arts Center eine offene Fläche des Campus zu einem Hof; eine Passage erschließt vier Aufführungsräume jeweils unterschiedlichen Zuschnitts – Konzertsaal, Vortragssaal, Theater und Kino. Das Center soll „durch seine Situierung am Rand des Campus als Verbindung zwischen der Öffentlichkeit und der Universität dienen, indem es öffentliche Aufführungen erlaubt und einen natürlichen Zugang zum Campus anbietet" (Lynn 1993, p 31). Auch formal läßt sich das Gebäude durchaus in eine spezifische Manier einordnen, die Eisenman erstmals beim Convention Center für Columbus, Ohio, angewandt hat: Parallelgeführte und gegeneinander leicht verschobene lineare Elemente erzeugen den Eindruck eines kompakt zusammengeschmolzenen, beinahe ‚monolithischen' Gewebes.[108]

Tatsächlich vom Computer erzeugt ist dabei nur die geometrische Verschiebung der Ausgangstruktur, die von einem orthogonalen in ein komplex gefaltetes System übergeführt wird. Warum ist Eisenman dennoch bemüht, dieses Projekt als Ergebnis eines quasi-automatischen Vorgangs darzustellen, in dem die Formen ‚dem Computer' und nicht einem spezifischen Formwillen entspringen? Diese Frage führt wieder zurück zu den Anfängen der Diskussion um Grund und Ursprung der Architektur, wie sie bereits im 18. Jahrhundert nach dem Wegfall aller religiösen und konventionellen Verankerungen aufgebrochen war. Für Eisenman hat die Architektur damals – im Gegensatz zu den Wissenschaften und Künsten – die Abzweigung auf den Weg zur Modernisierung verpaßt. Sie sei einem Humanismus verhaftet geblieben, der dem Menschen seine überall sonst fragwürdig gewordene Position im Mittelpunkt des Kosmos erhalten wolle, und daher vollständig abgehoben von der heutigen conditio humana, die von Instabilitäten und Dislozierungen geprägt sei. Eisenman betrachtet dagegen „Architektur als unabhängigen Diskurs, frei von externen Werten – seien es nun klassische oder irgendwelche andere" (Eisenman 1984(1995), p 79) und fordert daher „zeitlose (ursprungslose, ziellose) Architektur; nicht-darstellende (objektlose) Architektur; und künstliche (willkürliche, vernunftlose) Architektur" (ibid p86). Für alle drei Kriterien erweist sich der Computer als mächtiges Werkzeug eines „autorlosen Transformationsprozesses".[109]

Auf die Frage, wie sehr die Möglichkeiten des Computers seinen Arbeitsprozeß verändert haben, erklärt Eisenman: „Ein Teil meiner Arbeit hat immer darin bestanden, die traditionelle Präsenz des Autors so stark wie möglich zurückzunehmen. Ich habe von Anfang an selbstgenerierende Mechanismen gesucht. Obwohl der Architekt/Autor nach wie vor die Knöpfe drückt, weiß er nicht unbedingt, wohin der Prozeß führt. Es handelt sich nämlich nicht um eine Zeichnung, die ein im Kopf bereits existierendes Bild nur umsetzt. [...] Mit dem Computer kann man jedoch Bilder erzeugen, die keiner unbewußten oder vorbewußten Vergangenheit entstammen, Bilder, die man vorher nie im Kopf gesehen oder im Kopf gehabt hat. Das macht die Arbeit am Computer so aufregend. Ich behaupte nicht, daß das, was wir auf dem Computer sehen, bisher nicht existiert hat. Es mag in der Immanenz der Architektur immer schon enthalten gewesen sein, nur war das Instrumentarium der menschlichen Hand nicht in der Lage, es zur Erscheinung zu bringen." (Eisenman 1994(1995), p 321)

Daß bei dieser Vorgehensweise Objekte entstehen, die nicht nur der hergebrachten visuellen Ordnung, sondern auch den funktionellen Anforderungen widersprechen, die gewöhnlich an bestimmte Bauaufgaben gestellt werden, ist ein durchaus beabsichtigter Nebeneffekt. Schon bei seinen Haus-Projekten der siebziger Jahre versucht Eisenman, „das Haus von der tröstlichen Metaphysik und der Symbolisierung seiner schützenden Funktion zu entfernen" (Eisenman 1987(1995), p 122). Diese frühen Häuser verstehen sich als autonome, selbstreferentielle Objekte, deren ‚Nutzen' höchstens darin besteht, sich der Benutzung entgegenzustellen und damit konventionelle Verhaltens-

weisen in Frage zu stellen.[110] Formal ist Eisenman dabei von den geometrischen Operationen in Terragnis Spätwerk geprägt.[111] Ende der siebziger Jahre stellt Eisenman diese Form der Autonomie des architektonischen Objekts jedoch in Frage. Das Konzept einer Autonomie, bei der die Bedeutung ausschließlich im Objekt liegt und nur in und durch sich selbst existiert, erscheint ihm nun selbst als Teil der zu erschütternden Metaphysik. Der Glaube an eine ‚Architektur an sich' wird aufgegeben zugunsten einer neuen Vorgehensweise: „Die gegenwärtige Arbeit besitzt eine andere logische Struktur, eine textuelle Logik, die außerhalb des unmittelbaren Architekturobjekts entstanden ist, auch wenn sie von diesem nicht zu trennen ist. Meine Arbeit verfolgt jetzt das Ziel der Dislokation in einer eher offenen Weise, sie sucht weniger nach einer hermetischen Logik." (Eisenman 1987 (1995), p 131) An die Stelle des Objekts, das seinen eigenen Entstehungsprozeß als metaphorische Repräsentation von Wahrheit dokumentiert, tritt das Objekt als dislozierender Text unter Einschluß von Fiktion und Irrtum, als Spur fiktiver oder realer Bedingungen, die nicht eine Wahrheit ablesbar macht, sondern fortwährend eine Anzahl subversiver Wahrheiten erzeugt. Der Architekt und Theoretiker Manfred Wolff-Plottegg hat in seinem Konzept für ein ‚binäres Haus' dieses Konzept radikal zu Ende gedacht (Plottegg 1988(1996)). Mit Hilfe eines 3D-Morphingprogramms[112] wurden Daten aus dem digitalen Umgebungsmodell eines Wettbewerbs miteinander gemorpht und zufällig mit anderen kombiniert. Das Ergebnis sind nach präzisen Algorithmen verteilte farbige Linien und Polygone in einem digitalen räumlichen Modell, das Plottegg als ‚binäres Haus' bezeichnet. Die Ausführung dieses Hauses kann durch einen Prozeß der Benennung erfolgen: Der Bauherr definiert bestimmte Elemente funktional, der Statiker reagiert darauf, indem er andere Elemente als konstruktiv benennt, und daraus entwickelt sich ein Realisierungsprozeß mit offenem Ausgang. Von Eisenmans Vorgehensweise unterscheidet sich dies insofern, als Eisenman in der Praxis von der geometrischen Transformation eines funktionsfähigen Typus bis an die Grenze der Funktionsfähigkeit ausgeht, während sich bei Plottegg eine ‚sinnlose' Geometrie wieder mit Sinn füllen darf. Dabei kann die Geometrie natürlich beliebig weiter verändert werden. Bei Eisenman wird dagegen die erzeugte Geomerie von einem bestimmten Projektstadium an als absolute Vorgabe angesehen.[113]
Plottegg versteht sein ‚binäres Haus' als radikales Gedankenexperiment, als „methodischen, konzeptionellen Ansatz für eine autonome Architektur" (Plottegg 1988(1996), p 132). Es soll die grundsätzliche Möglichkeit beweisen, Architektur ohne persönliche Handschrift mit Hilfe des Computers zu er-

zeugen. Plottegg spricht von Interaktion statt Entwurf: „Der Entwurf ist der Transfer von Ideen vom Hirn aufs Papier [...] die INTERAKTION produziert bits & pixel, zufällige Formen [...] von welchen dem Hirn Ideen präsentiert werden. [...] Entwerfen stellt Ideen dar, begrenzt sie, die INTERAKTION schlägt sie vor. Darin versteckt ist der – wenn einmal erkannt – relativ einfache aber radikale Schritt weg vom kreativen Anthropozentrismus." (ibid p 129)
Die Möglichkeit einer solchen Architekturproduktion kann theoretisch nicht widerlegt werden: Das binäre Haus ragt gleichsam als uneinnehmbare Bastion aus der mühevollen Ebene der Rationalität auf. Es lohnt sich auch nicht, diese Bastion mit praktischen Argumenten der Baubarkeit oder der Ökonomie einnehmen zu wollen. Plottegg geht es primär um die Öffnung des kreativen Prozesses, um die erhöhte Beweglichkeit einer „handschriftlosen, geschmacklosen, stillosen, ORTlosen Architektur" (Plottegg 1993(1996) p 182). In seinen Bauten und Projekten sind die ‚autorlosen' Algorithmen freilich in einen nach wie vor persönlichen Entwurfsprozeß integriert. Der zwangsläufige Widerspruch zur theoretisch geforderten ‚Autorlosigkeit' ist Plottegg dabei bewußt, wenn er über sein ideales Gebäude resümiert: „Ein entscheidendes intellektuelles Problem belastet mich dennoch: Dieses Gebäude würde schließlich doch an einem ORT stehen, es würde vermutlich meine Handschrift haben, es würde so geschmacklos sein, daß es sogar mir gefallen könnte." (ibid) Als Antwort bleibt Plottegg nur noch das Paradoxon: „Daher arbeite ich immer am übernächsten Projekt." (ibid)
Im Unterschied zu Plottegg, der die Möglichkeit, einem architektonischen Objekt a priori irgendeinen Sinn zu geben, ausschließt, beharrt Eisenman auf einem letzten Motiv: „eine Architektur zu konzipieren, die nicht einfach den Traum von einer verlorenen Wahrheit verfolgt, sondern die Instabilitäten und Dislozierungen umfaßt, die heute tatsächlich Wahrheit ausmachen." (Eisenman 1989(1996), p 147) Indem Architektur diese Instabilitäten und Dislozierungen *darstellen* möchte, verwischt sie ihre Kontur in einer unüberblickbaren Matrix von einander überlagernden Beziehungen.[114] In ihrem Bemühen, das Nicht-Darstellbare – als Abwesendes – doch noch zur Darstellung zu bringen, wirken Eisenmans Projekte in ihrer formalen Perfektion seltsam erstarrt. Systematisch jeder rationalen Kritik entzogen, laufen sie Gefahr, zur bequemen Herzeigearchitektur jener Mächte zu werden, die durch ihre unkontrollierte Rationalität erst die ökonomischen Voraussetzungen zu ihrem Entstehen schaffen. Als Stil mißverstanden, droht Eisenmans Architektur damit zum Vorbild eines neuen ‚guten Geschmacks' zu werden. Im

Grenzbereich zwischen Kunst und Architektur zerrieben, wäre sie schließlich nicht mehr als das Kunsthandwerk des Medienzeitalters.[115] Eisenman ist sich dieser Gefahr bewußt und ist bemüht, auf eine politische und moralische Komponente seines Handelns hinzuweisen: „Meine Arbeit besitzt mit Sicherheit eine moralische Grundlage. Ich glaube, ohne so etwas kommt man nicht aus, und das meine ich ernst. [...] Ich glaube ehrlich daran, daß das, was ich tue, nicht nur für mich selbst wichtig ist, sondern daß man es tun muß, daß es notwendig ist." (Eisenman 1989(1995), p 294) Ob sich gesellschaftlich verantwortliches Handeln im Rahmen der Architektur darin erschöpfen kann, das Gewohnte zu problematisieren, ist freilich zu bezweifeln.[116] Man darf auf die Lösungen gespannt sein, die Eisenman für drängende soziale Aufgabenstellungen zu entwickeln beabsichtigt: „Niemand scheint die Notwendigkeit zu erkennen, jemanden wie mich über Gefängnisse oder die Unterbringung von Obdachlosen nachdenken zu lassen. Aber eines Tages werde ich mich mit diesen Dingen befassen."[117] (Eisenman 1994(1995), p 328)

8 Werkzeuge, Methoden und Theorien

Die Frage nach der Architekturtypologie führt, so habe ich in der Einleitung behauptet, in ein Labyrinth von einander überlagernden Bedeutungen und Interpretationen. Ich habe versucht, dieses Labyrinth in seinen groben Zügen und in einigen – bei weitem nicht allen – Verästelungen auszuleuchten. Daß es auf die Frage ‚Was ist Architekturtypologie?' tatsächlich keine einfache oder gar eindeutige Antwort gibt, ist ein wenig überraschendes Ergebnis. Interessanter ist eine andere Frage: Gibt es so etwas wie einen Fortschritt zwischen den verschiedenen Konzepten, oder, anders gefragt, bis zu welchem Grad hat die Architekturtypologie den Anspruch, der Architekturproduktion zu einer rationaleren Basis zu verhelfen, tatsächlich einlösen können? Betrachten wir nochmals das Bild, mit dem Abbé Laugier seinen Traktat illustrieren ließ (1). Was hier vermittelt werden soll, ist eine neue Theorie über das Wesen der Architektur: Die Urhütte, wie in einem Vexierbild in den Bäumen verborgen, läßt die Grundelemente der Architektur – Säule, Gebälk und Giebel – erkennen. Links im Bild steht die Allegorie der architektonischen Erfindung, die Hände leicht ausgebreitet, eine kleine Flamme der Erleuchtung über ihrem Kopf. Im Zentrum des Bildes befindet sich aber weder die Urhütte noch diese allegorische Figur, sondern, genau am Schnittpunkt der Bilddiagonalen, die Hand der *Architectura*, die den entscheidenden Hinweis gibt. Nehmen wir das zum Anlaß für eine Spekulation: Könnte hier nicht so sehr der Inhalt der Theorie oder gar ihr absoluter Wahrheitsanspruch, sondern dieser Akt des Hinweisens im Mittelpunkt stehen?
Eine solche Annahme läßt sich erhärten, wenn man den Inhalt von Laugiers Theorie nochmals genauer betrachtet. Es wäre naiv, sie als paläontologische Theorie über das Bauen der ersten Menschen zu verstehen, die damit leicht widerlegbar wäre durch neue Erkenntnisse über die ‚echten' Behausungen des ‚Urmenschen'. Laugier verfolgt ein ganz anderes Interesse: Sein Archetyp ist ein Vorschlag für eine Übereinkunft innerhalb der Disziplin der Architektur. Der Archetyp und seine Elemente sollen ‚außer Streit gestellt' werden: Laugier bestimmt einen idealen Ausgangspunkt für die architektonische Ar-

beit und nicht einen idealen Endpunkt, auf den sie hinzusteuern hätte: „Diejenigen, die tatsächlich Architekten sind, werden mir zustimmen, daß ich, statt ihre Arbeit zu verringern, sie zu tiefgehenden Studien und außergewöhnlicher Präzision zwinge." (Laugier 1753(1989), p 66) Laugiers ungeteilte Begeisterung sowohl für die Maison Carrée in Nîmes als auch für das Straßburger Münster und seine Aufforderung, neuartige, ungeahnte Turmbauwerke zu entwerfen, sprechen für sich. Kreativität und Typus stehen hier in einem komplementären Verhältnis: Der Typus ist eine Übereinkunft innerhalb der Disziplin über das, was nicht mehr zur Diskussion stehen soll. Kreatives Ziel ist freilich nicht die Verfeinerung des Typus, sondern die Entwicklung jener Strukturen, die er gewissermaßen nach außen hin in einem vorerst amorphen, ‚dunklen' Lösungsraum erzeugt.

Eine solche Definition des Typus ist vollkommen unplatonisch: sie sieht im Typus nicht das Ideal, das zur Vollkommenheit gebracht werden soll, sondern das, was zu Beginn des architektonischen Projekts als bekannt vorausgesetzt wird und dem Entwurf eine Leitlinie gibt. Noch Durand hat seine Entwurfsmethode in diesem Sinn verstanden. Sein Hinweis, daß es ihm keineswegs um Reduktion und Vereinfachung des architektonischen Produkts zu tun sei, sollte man nicht als leere Phrase abtun. Seine Werkzeuge und Methoden sollen den Prozeß vereinfachen und eine Konzentration auf das Wesentliche einer Aufgabe ermöglichen. Seine Entwurfsmethode – die nur zu gern auf ihren graphischen Teil reduziert wird – beginnt daher mit der Frage nach dem, was für das jeweilige Projekt entscheidend ist, ohne vorherige Festlegung auf irgend eine bestimmte Kategorie: Festigkeit für den Turm, Stille für die Bibliothek, Sicherheit für das Gefängnis. Auch der graphische Teil seiner Methode ist nur dann eine Einengung, wenn man die Abstraktion von Grundelementen, die Durand, in Fortsetzung von Laugiers Analyse der Urhütte, systematisch weitertreibt, als direkte Vorgabe für eine Realisierung interpretiert. Durands Methode ist keine allgemeine Baulehre, sondern Bestimmung der graphischen Elemente des Architekturplans und Theorie ihrer Komposition. Explizit verwirft er dabei jede Interpretation der Urhütte als Ursprungsmythos und als Legitimation eines formalen Klassizismus. Was von der Urhütte bleibt, ist eine Methode der Komposition mit einfachsten Elementen und eine Legitimation der Architektur aus der genauen Erfüllung von Bedürfnissen. Diese Methode der Typologie hat über Jahrhunderte Mittelmäßiges garantiert und damit jenes Gelände abgesteckt, das der herausragenden Qualität als Ausgangspunkt für ihre Forschung dienen konnte. Durand gibt damit eine radikale Antwort auf jene Frage nach einem unumstößlichen, rationalen Fundament der Architektur, wie sie in der Archi-

tekturakademie gegen Ende des 17. Jahrhunderts formuliert worden ist: Weil es keinen Ersatz für die verloren gegangenen historischen und transzendentalen Referenzsysteme gäbe, müsse die Architektur als Disziplin sich ihren Rahmen *selbst setzen* und diese Setzung auch *verantworten*. Die Instanz dieser Verantwortung ist für Durand die bürgerliche Gesellschaft, als rationalisierbare Kriterien bleiben ihm die Ökonomie, die öffentliche und die Privat-Nützlichkeit. Louis Kahn, dessen Bauten Durands graphische Methode exemplarisch anwenden, hat versucht, den Begriff der Nützlichkeit zu öffnen, ohne das Schöne wieder als eigene rationale Kategorie zu institutionalisieren: Wo Durand von öffentlicher Nützlichkeit gesprochen hat, spricht Kahn von gesellschaftlichen Sehnsüchten.
Wie verhält sich eine derartige Überlegung nun zur Theorie des Funktionalismus? Geht es denn hier nicht auch um Befriedigung von Bedingungen und Bedürfnissen, sogar auf bessere, weil direktere Weise, durch Ausschaltung aller Vorurteile, die durch Tradition oder subjektive künstlerische Willensakte das Ergebnis verzerren? Die Hoffnung, durch eine künstliche Evolution der Artefakte die ideale Beziehung zwischen Form und Funktion erreichen zu können, findet sich sowohl im frühen Funktionalismus der zwanziger Jahre als auch in seiner Neuauflage in den sechziger Jahren. In beiden Fällen ist funktionalistisch nicht mit mechanistisch gleichzustzen: Adolf Behne schreibt in *Der moderne Zweckbau*, daß „der rektanguläre Raum, die gerade Linie nicht funktional, sondern mechanistisch [sind]". Organische und sogar expressionistische Elemente sind mit dieser Auffassung von Funktionalsimus durchaus verträglich, wie ja auch in den sechziger Jahren der ‚Metabolismus' als architektonisches Schlagwort direkt der Biologie entlehnt werden konnte. Wesentlich ist jedoch, daß der Architekt in der Theorie des Funktionalismus nicht mehr als verantwortlicher Formgeber gesehen wird, sondern im besten Fall als Formfinder, wenn man seine Rolle nicht auf eine rein organisatorische reduziert.
Es ist bemerkenswert, daß das Kriterium der subjektiven Verantwortung in der Diskussion um den Funktionalismus nicht einmal mehr als eine Antithese auftritt: Schon ganz zu Beginn dieser Diskussion, in der Werkbundkontroverse, wird es im Streit zwischen ‚Formwillen' und ‚Typisierung' zerrieben. Das Prinzip der Typisierung nimmt dem Architekten die subjektive Verantwortung für sein Produkt, da der industrielle Typ ja das Ergebnis einer künstlichen Evolution ist. Diese Evolution wird durch die Kollektivanstrengung der Wissenschaften gesichert, die zwischen Bedingungen und Bedürfnissen und den Artefakten eine möglichst nur vermittelnde und nicht aktiv gestaltende Rolle einnehmen. Die künstliche Evolution schafft sich schließlich

ihre eigenen Rahmenbedingungen: Normengelehrte legen durch Typisierung den Spielraum der Entwicklung fest und sollen damit Mutationen verhindern, die die Stabilität des Gesamtsystems der industriellen Bauproduktion gefährden könnten. Der ‚Nachweis', also die meßbare Erfüllung von Grenzwerten, wird nun zum entscheidenden Kriterium. Der funktionalistische Typ ist kein Ausgangspunkt für weitere Forschungen, er ist das normierte Endprodukt, an das der Architekt seine Verantwortung abtreten kann.

Der Computer galt seit den frühen sechziger Jahren als Werkzeug zur Rettung dieser angesichts der gebauten Realität inzwischen unhaltbaren funktionalistischen Position. Die ‚rationale Mystik' der künstlichen Intelligenz erlaubte es, den Funktionalismus in kybernetische und biologische Metaphern zu kleiden und neuerlich als Idee einer künstlichen Evolution zu verkaufen, die eine Identität zwischen Form und Bedingungen garantiert. Nach den erfolglosen Versuchen der achtziger Jahre, dem Computer über ‚wissensbasierte Entwurfssysteme' beizubringen, wie ein menschlicher Entwerfer zu agieren, haben diese kybernetischen Metaphern heute wieder Konjunktur. Der Vorwurf eines biotechnischen Determinismus kann ihnen aber trotz Anrufung von Chaostheorie und fraktaler Geometrie nicht erspart bleiben: Die Begründung der architektonischen Lösungen wird in einen absoluten Bezugspunkt außerhalb der Architektur verschoben.

Aber gilt dasselbe nicht auch für die Typologie? Ich habe zu zeigen versucht, daß Typologie nicht zwangsläufig umfassende Welterklärungen mit Wahrheitsanspruch anstrebt, sondern als Versuch verstanden werden sollte, Architektur als autonome Disziplin zu bewahren und zugleich die Verantwortung dieser Disziplin gegenüber gesellschaftlichen Bedingungen und Bedürfnissen einzufordern. In ihr steckt nach wie vor ein Potential zu einer Modernisierung der Architektur: „Die Moderne sieht sich ausschließlich auf sich selbst gestellt – sie muß ihre Normativität aus sich selbst schöpfen." (Habermas 1985) Daß die architektonische Praxis sich auf die *Darstellung* dieses unsicheren Zustands beschränkt – wie bei Eisenman –, ist genauso abzulehnen wie alle Versuche, die Künstlichkeit ihrer Zeichen und das letztlich Grundlose ihrer Fundamente zu verschleiern.

Die rationale Basis der Architektur ist jedenfalls nicht in der Rationalität ihrer Methoden zu finden: die müssen immer wieder neu und opportunistisch zusammengestellt werden. Keine Methode kann dem Gestalter aber die individuelle Verantwortung für seine Produkte abnehmen, so uneindeutig und chaotisch die Bedingungen der offenen Gesellschaft auch sein mögen, in deren Rahmen sich diese Verantwortung heute zu vollziehen hat. Ob die Gesellschaft sich eine solche, ihre „Normativität aus sich selbst schöpfende"

Architektur noch leisten will und ihr als Gegenüber einer Verantwortung überhaupt noch zur Verfügung steht, ist eine andere Frage. Die Architektur als Disziplin wird ihre eigene Logik gegen die Logik des Kapitals glaubhaft verteidigen müssen, will sie ihre Rolle nicht auf die Beihilfe zur best- und schnellstmöglichen Verwertung von Renditeobjekten reduzieren lassen. Die Geschichte der Disziplin gibt dabei trotz allem Anlaß zur Hoffnung.

Dank

Mein Interesse für CAAD geht auf die frühen achtziger Jahre zurück, als an den europäischen Universitäten die ersten Workstations und PCs auftauchten und mit ihnen die ersten preiswerten Grafikprogramme. Daß diese Technologien großen Einfluß auf die Architekturproduktion haben würden, war evident. Im deutschsprachigen Raum bewegte sich die Debatte darüber anfangs in sehr schmalen Bahnen: Optimisten erwarteten sich die Entlastung von Routinetätigkeiten und damit mehr Freiraum, Pessimisten fürchteten umgekehrt das Ende für ihre schöpferische Tätigkeit durch schleichende Mechanisierung.
Daß es schon seit den frühen sechziger Jahren eine 'scientific community' gab, die den Computer nicht als Werkzeug, sondern als Medium betrachtete, wurde mir bei einer Gastvorlesung bewußt, die Tom Maver von der University of Strathclyde an der TU-Wien hielt. Seine Gruppe in Glasgow entwickelte Simulationsprogramme, die erahnen ließen, wie bestimmte Probleme mit CAAD grundsätzlich anders als mit konventionellen Methoden untersucht und gelöst werden können.
Einen tieferen Einblick in die Versuche, Gestaltungsprozesse mit rationalen Methoden zu erfassen und zu simulieren, verdanke ich Alexander Tzonis. Seit den sechziger Jahren in diese Versuche involviert, hat er Anfang der neunziger Jahre eine Veranstaltungsreihe unter dem Namen ALBERTI (ein Akronym für *Architecturae Logica Basis Et RaTIo)* ins Leben gerufen, der ich wichtige Anregungen verdanke.
Das vorliegende Buch geht aus meiner Dissertation an der ETH-Zürich hervor. Gerhard Schmitt hat diese Arbeit als Professor für Architektur und CAAD stets kritisch, aber verständnisvoll betreut. Er hat mir eine gesunde Skepsis gegenüber den allzu großen Erwartungen nahegelegt, die oft mit CAAD verbunden wurden. Seine These, daß sich die Zukunft der Architektur großenteils im digitalen Raum abspielen und der Computer erst dort seine Bestimmung als Entwurfswerkzeug finden werde, kann ich nicht teilen: Ich halte die meisten konkreten Räume, die mich umgeben, für verbesserungswürdig. Um so mehr bin ich Gerhard Schmitt zu Dank verpflichtet,

daß er mir die Ausarbeitung meines konservativeren Standpunkts ermöglicht hat.

Daß ich mich von der sperrigen Realität der gebauten Architektur nicht lösen will, verdanke ich meinem Wiener Lehrer Anton Schweighofer. Seine Art, das Thema Architektur denkend und bauend zu erforschen, ist für mich vorbildlich, und so sind auch in dieses Buch viele Gespräche mit ihm direkt oder indirekt eingeflossen.

Wien, im September 1997

Anmerkungen

1 Einleitung

1 Unter Theorie des CAD und des CAAD, also des Computer Aided Design und des Computer Aided Architectural Design, sollen hier alle Überlegungen verstanden werden, die sich mit den Möglichkeiten und den Auswirkungen von Informationstechnologien auf Entwurf und Planung im allgemeinen beziehungsweise in der Architektur befassen.

2 Die Rolle, die dem Computer dabei zugemessen wird, ist sehr unterschiedlich. Im einfachsten Fall verwaltet er eine Beispiel-Datenbank, die nicht nur die Geometrie von Präzedenzfällen, sondern auch Entscheidungsprozesse und Kritik verfügbar hält; das andere Extrem bilden Konzepte, die das gesamte in einer Entwurfssituation notwendige Wissen in komplexe Schemata zusammenfassen wollen.

3 Das Konzept der shape grammars (Formengrammatiken) wurde Anfang der siebziger Jahre von Gips und Stiny als eine graphische Kompositionsmethode auf der Basis der formalen Logik entwickelt (Stiny and Gips 1972; Gips and Stiny 1980). Siehe auch Seite 98 der vorliegenden Arbeit.

4 Genauer gesagt bietet Durand sowohl eine generative Methode als auch eine Taxonomie an. Im *Précis des leçons d'architecture* (Durand 1802) beschreibt er eine exakte geometrische Verfahrensweise zur Erzeugung von Rissen, im *Recueil et Parallèle des Edifices en tout genre* (Durand 1800) stellt er eine systematische Sammlung von Präzedenzfällen zusammen. Siehe auch Seite 27 der vorliegenden Arbeit.

5 Der Begriff der ‚Autonomie' wurde von Emil Kaufmann in seinem Buch *Von Ledoux bis Le Corbusier – Usprünge und Entwicklung der Autonomen Architektur* (Kaufmann 1933) in die architekturtheoretische Diskussion eingeführt. Das Buch hält wenig von dem, was der Titel verspricht: es behandelt fast ausschließlich Ledoux, widmet der „Entwicklung der Autonomen Architektur" nur wenige Seiten und Le Corbusier nur einen einzigen Absatz. Kaufmann sieht in der Entwicklung seit der Revolutionsarchitektur eine „architektonische Autonomie" sich durchsetzen, als deren wesentlichste, bei Ledoux schon voll entwickelte Faktoren er nennt: „Verselbständigung der Teile", „Unwirksamwerden der ästhetischen Gesetze", „Abneigung gegen jeglichen Dekor", „Eigengesetzlichkeit des Stofflichen", „Autonomie der Formen" (ibid p 43 ff). Übernommen hat Kaufmann – wie sich aus einigen Referenzen ableiten läßt (ibid p 37) – den

Begriff von Kant, der ihn allerdings in bezug auf ethische Probleme im Sinne einer Autonomie des Willens benutzt. So fragwürdig die Übertragung des Begriffs auf formale Probleme bei Kaufmann ist, bleibt er als ethischer Begriff auch für die Architekturproduktion relevant.

2 Der Begriff der Architekturtypologie und seine Transformation an der Wende vom 18. zum 19. Jahrhundert

6 Nach (Vidler 1977) erstmals 1783 bei Ribart de Chamoust, *L'Ordre Français trouvé dans la Nature:* „Wir müssen zurück zum Ursprung, zu den Prinzipien, zum Typ". Daß gerade Ribart den Begriff aufnimmt, ist wenig verwunderlich: sein Versuch, in einer simplifzierenden Paraphrase auf Laugier eine französische Ordnung aus der Natur abzuleiten (4), ist dem „hemmungslosen Hineininterpretieren" der Scholastiker durchaus vergleichbar.

7 Die typologische Interpretation der Scholastik legt die beiden Textebenen so übereinander, daß jede neutestamentliche Stelle durch eine alttestamentliche vorstrukturiert ist (Hauser 1982, p 132). Die Notwendigkeit einer solchen Entsprechung ist in der Übernahme platonischer Konzepte in die Scholastik begründet: Altes und Neues Testament müssen einander entsprechen, weil sie Ausdruck einer gemeinsamen Idee sind. Das Muster für diese typologische Bibeldeutung darf in der allegorischen Auslegung der Homerischen Epen in der griechischen Klassik vermutet werden (ibid).

8 „Mimesis" ist ein wesentliches Thema der abendländischen Kunsttheorie. Der Begriff geht auf Aristoteles zurück, der in seiner Poetik die Tragödie als „Nachahmung einer wichtigen und perfekten Tat" bezeichnet. In der Architektur wird vor allem die Ableitung des klassischen Tempels aus einem in Holz konstruierten Vorbild mit diesem Begriff bezeichnet. Noch Quatremère de Quincy leitet zu Beginn des 19. Jahrhunderts aus der Möglichkeit der Mimesis im Sinne dieser „Stoffwechseltheorie" den künstlerischen Primat der griechischen Architektur – etwa im Vergleich zur ägyptischen, die von vornherein Steinarchitektur sei – ab. Mit der Behauptung, daß die Stoffwechseltheorie für Alberti höchstens eine untergeordnete Rolle gespielt hat, halte ich mich an die Argumentation von Paul von Naredi-Rainer (von Naredi-Rainer 1994). Georg Germann vertritt in (Germann 1982) dagegen die These von der zentralen Bedeutung der „Stoffwechseltheorie" für Alberti. Im Palazzo Rucellai sieht er einen stilisierten Ständerbau mit Hausteinausfachung (ibid p 86).

9 Die Bezeichnung ist, was die Architektur betrifft, etwas irreführend: Es ging nicht um prinzipielle Ablehnung oder Akzeptanz der Antike, sondern um die Möglichkeit einer verbindlichen ästhetischen Norm auf deren Grundlage. Selbst zwischen Perrault und Blondel, im Bereich der Architektur die beiden wichtigsten Gegenspieler in diesem Streit, besteht weniger ein fomaler, als vielmehr ein – freilich folgenschwerer – methodischer Bruch: „Es gibt in ihrem Meinungsstreit

erstaunliche Annäherungen bei unterschiedlicher Methode" (Kruft 1985, p 152). Die Differenz besteht primär darin, daß Perrault bereit ist, antike Vorbilder auch entgegen den von ihm sowieso als widersprüchlich eingeschätzten Lehren Vitruvs zu interpretieren.

10 Vitruv, Palladio, Scamozzi, Vignola, Serlio, Alberti, Viola, Cataneo (Kruft 1985, p 145)
11 Der Verweis auf die „Gewohnheit" enthält mehr Sprengstoff, als man auf den ersten Blick annehmen würde. Denn Perrault argumentiert, daß bestimmte Proportionen durchaus auch durch *Mißinterpretation* ihren bevorzugten Status hätten erlangen können, weil etwa eine besondere Wirkung, die an einem Bau in Wahrheit durch Material oder Anlage entstehe, der Proportion zugeschrieben werde (vgl. Schumacher 1938(1983), p 78).
12 Perrault war von der Ausbildung her kein Architekt, sondern Mediziner und lehrte Physiologie und Pathologie; als Mitglied der Akademie liefert er 1664 einen Entwurf zur Louvre-Fassade und erhält im selben Jahr den Auftrag zur Vitruv-Übersetzung. Die Louvre-Kolonnaden, die auch auf dem Frontispiz der Vitruv-Übersetzung abgebildet sind, sind sein Hauptwerk.
13 „Allmächtiger Gott, erlöse uns von den Kenntnissen und den unheilvollen Künsten unserer Väter, und gib uns die Ungewißheit, die Unschuld und die Armut zurück", antwortet Rousseau, als die Akademie von Dijon die Preisfrage ausschreibt ob „der Fortschritt der Wissenschaften und Künste zur Veredelung der Sitten beigetragen" habe (zit. nach Weischedel 1979).
14 Vgl. etwa Paul Feyerabend: „Gemeinsam hatten also die Künste und die Wissenschaften, daß es eine Welt gebe, und ein Medium der Abbildung, und daß es gelte, die Welt im Medium ganz genau und ohne eigene Hinzufügung zu wiederholen." (Feyerabend 1984, p 189)
15 Beispiele reichen von Sempers *Der Stil* über Giedions *Space, Time and Architecture* bis zur High-tech-Architektur und zur Rezeption der Chaos-Theorie in der Architektur.
16 „Dissertation sur ce qu'on appelle le bon goust en architecture"; der Vortrag wurde 1745 Boffrands „livre d'Architecture" vorangestellt. Der Begriff „caractère" scheint von Boffrand erstmals systematisch in die Architekturtheorie eingeführt worden zu sein (Kruft 1985, p 161).
17 Blondel der Jüngere; ob eine Verwandschaft zwischen ihm und François Blondel besteht, ist unklar.
18 J.F. Blondel, *Cours d'Architecture ou traité de la Décoration, Distribution et Construction des Bâtiments*, 1. Band, Paris 1771, p 229, zit. nach Uffelmann (1989, p 16)
19 Vogt (1969, p 159) weist auf die Ähnlichkeit dieser Charakterbestimmungen mit jenen hin, die schon Vitruv in bezug auf die Säulenordnung durchgeführt hätte (männlich, weiblich, jungfräulich für dorisch, ionisch und korinthisch); freilich würde die Generation Blondels „eine wahre Lust an weiteren, andersartigen Kennzeichnungen" entwickeln (ibid).

20 Laugier geht in seiner Theorie allerdings weit über das hinaus, was als ‚klassizistischer Stil' in der Praxis erkennbar wird. Er begeistert sich für den gotischen Turm des Straßburger Münsters („Ich glaube, daß kein Architekt jemals etwas geschaffen hat, was so kühn ausgedacht, so gekonnt geplant und dann so vollendet ausgeführt wurde" (Laugier 1753(1989), p 161) und fordert für Türme überhaupt „kühne Idee und neue Einfälle". Vogt bezeichnet die Suche nach gotischer Leichtigkeit und griechischer Reinheit als die große Architektursehnsucht der besten Köpfe jener Zeit (Vogt 1969, p 199). Laugier habe dann noch, als zusätzliches Drittes, die „petite cabane rustique", die Natur-Architektur ins Spiel gebracht. Dieses Dreieck hätte das „magische Feld der Architekturdiskussion des 18. Jahrhunderts" abgesteckt (ibid).

21 Auf dem Frontispiz der zweiten Auflage von Laugiers Essay ist die „kleine, rustikale Hütte" in einem Stich dargestellt (Abb. 1); entgegen der Schilderung im Text sind die vier „Säulen" keine vier Äste, die der ursprüngliche Mensch „auswählt", sondern praktischerweise bereits im Rechteck gewachsene Bäume.

22 Die religiöse und kosmologische Bedeutung der Säulenordnungen, die über Vitruvs Darstellung der Verbindung von dorisch, ionisch und korinthisch mit den Begriffen „männlich", „weiblich" und „jungfräulich" ohnehin nur rudimentär überliefert war, wird bei Laugier völlig nebensächlich. Er erwähnt sie nur noch ganz am Rande: Die ionische Ordnung hätte „nicht mehr jenes schwer zu beschreibende Starke und Männliche, das die dorische Ordnung auszeichnet; und noch nicht Reichtum und Pracht, die das Wesen der korinthischen Ordnung ausmachen" (Laugier 1753(1989), p 79).

23 Bemerkenswert ist in diesem Zusammenhang auch eine Notiz Laugiers über den Königspalast: „Ist es denn angemessen, daß der König irgend jemandem das Erdgeschoß überläßt oder einen ersten Stock über sich hat? Weshalb also wird ein Wohnsitz mit mehreren Stockwerken für ihn gebaut?" (Laugier 1753(1989), p 122) Der Palast des Königs ist für Laugier die majestätisch dekorierte, verfeinertste Stufe der Urhütte.

24 Du Marsais, zitiert nach (Raulet 1993). Die semantische Unschärfe zwischen Charakter, Genre und Typ (im Sinne von literarischer Figur) ist in Theorie der Dichtkunst bereits angelegt und ist auch in der Architekturthorie spürbar.

25 Diese Vorstellung Boullées vom ‚caractère' ist damit grundsätzlich anders als die seiner Vorgänger: „Die Art und Weise, wie Boullée nun seine ‚Caractère'-Definition mit einem Beispiel illustriert, ist nicht nur neuartig gegenüber Blondel, sondern soweit ich sehe, gegenüber aller vorausgehenden Architekturtheorie", schreibt Adolf Max Vogt (Vogt 1969, p 198).

26 Vgl. (Luhmann 1993): „Der Ausgangspunkt ist, daß um 1700 das Urteil über Werke und das Urteil über Individuen (Personen, Künstler) stärker als zuvor zu divergieren beginnt. Das Urteil über Personen/Werke ergibt sich nicht mehr schlicht aus ihrer größeren bzw. geringeren Vollkommenheit. Aber woraus sonst? [...] Das erste und auffallendste Merkmal ist: daß jetzt für Kunstwerke die Qualität des Neuen und Überraschenden gefordert wird." (p 200)

27 Durand publiziert 1800 *Recueil et parallèle des édifices de tout genre anciens et modernes*, ab 1802 in mehreren Auflagen seine Vorlesungen als *Précis des Leçons d'architecture données à l'École Polytechnique*. Durands Lehrbuch war eines der erfolgreichsten, die je geschrieben wurden. Bereits 1806 wurde eine Mitschrift von Durands Vorlesungen ins Deutsche übersetzt (Kruft 1985, p 334). Selbst Joseph Rykwert gesteht 1972 in einem Text über den *Verhängnisvollen Einfluß der neoklasssizistischen Architekten Boullée und Durand auf die moderne Architektur* ein, daß Durands „Entwurfsverfahren noch heute von den meisten Architekten verfolgt wird, und einige der besten zeitgenössischen Architekten [...] von ganz ähnlichen Annahmen wie Durand [ausgehen]" (Rykwert 1983, p 106).

28 „Soll ein Projekt wohl gedacht sein, so muß es aus einem Gusse bestehen, was sich nur erreichen läßt, wenn man sich längere Zeit mit allen darin vorkommenden Teilen vertraut gemacht hat" (Durand 1831, Vorrede, p 1). Gleich in der ersten Bildtafel vergleicht Durand Soufflots Ste. Geneviève mit einem eigenen Gegenentwurf, der sich in der äußeren Erscheinung an Boullées Opernentwurf (nach 1781 entstanden) orientiert (vgl. Vogt 1969, p 152). Durand argumentiert, daß die Wirkung seines Gebäudes durch ihre Geschlossenheit „weit großartiger" wäre als jene von Soufflots kreuzförmigem Bau; darüber hinaus zählt er die Elemente ab: 112 Säulen in seinem eigenen Projekt, 206 bei Soufflot – aber von denen könne der Betrachter in Soufflots Bau stets nur einen Bruchteil wahrnehmen.

29 Dieser Aspekt unterscheidet es bereits wesentlich von anderen Architekturtraktaten, die sich entweder an Bauherren (etwa bei Alberti) richteten oder sich als ‚wissenschaftliche' Arbeiten verstanden. Durand richtet sich in seinem Lehrbuch an den „Zögling" der Ecole Polytechnique.

30 Kruft hält Durand unter anderem vor, daß er durch seine vereinfachende Darstellungsweise in Ansicht und Grundriß „nicht mehr vom architektonischen Raum" ausgehe, damit das Räumliche in der Architektur unterdrücke und sogar die Lavierung der Architekturzeichnung verurteile. Tatsächlich verurteilt Durand nur die Lavierung von *Aufrissen*, weil dadurch graphische Effekte, die mit der Realität nichts zu tun hätten, erzielt würden; für perspektivische Darstellungen bezeichnet Durand die Lavierung ausdrücklich als sinnvoll.

31 „Die Struktur gestattet dem Sichtbaren, indem sie es begrenzt und filtert, sich in Sprache zu transkribieren. Durch sie geht die Sichtbarkeit des Tiers oder der Pflanze völlig in den Diskurs über, der sie aufnimmt. Vielleicht gelingt es ihm einmal, sich selbst dem Blick durch die Wörter wiederzugeben, wie in jenen botanischen Kalligrammen, von denen Linnée träumt. Er wünschte, daß die Reihenfolge der Beschreibungen, ihre Aufteilung in Paragraphen und bis hin zu den typographischen Verfahren die Gestalt der Pflanzen wiedergäben." (Foucault 1966 (1994), p 177)

32 Es handelt sich also um kein evolutionäres Denken: „Im klassischen Denken gibt es keinen und kann es keinen Verdacht eines Evolutionismus und Transformismus geben, denn die Zeit wird nie als Entwicklungsprinzip für die Lebewesen in ihrer inneren Organisation begriffen, sie wird nur unter dem Ge-

sichtspunkt der möglichen Umwälzung im äußeren Raum, in dem wir leben, begriffen." (Foucault 1966(1994), p 195)

33 Durand unterscheidet öffentliche Bauten (Kirchen, Paläste, öffentliche Schatzkammern, Justizpaläste, Friedensgerichte, Gemeinde- und Rathäuser, Kollegien, Akademien, Bibliotheken, Museen, Sternwarten, Leuchttürme, Kaufhäuser und Märkte, Fleischereien, Börsen, Zollhäuser, Messen, Schauspielhäuser, Bäder, Hospital, Gefängnis, Kaserne) und Privathäuser.

34 Das Wiener Naturhistorische Museum erwarb zu Beginn des 19. Jahrhunderts eine ganze Reihe solcher ‚Typen' aus englischen Sammlungen.

35 Cuvier, der seine Ideen ab 1795 in Vorlesungen am Naturhistorischen Museum in Paris entwickelt und als *Leçons d'anatomie comparée* 1800 erstmals publiziert, gründet ein Museum der vergleichenden Anatomie (Vidler 1977). Lamarck ist seit 1793 Professor am Jardin de Plantes und veröffentlicht seine *Philosophie zoologique* 1809.

36 Für Otto Antonia Graf ist Durand der nicht mehr zu unterbietende Tiefpunkt in der jahrtausendealten Entwicklungsgeschichte eines universellen geometrischen Produktionssystems. Auch Graf muß Durand aber zugestehen, daß er versucht, ein System explizit zu machen, das zuvor als „wichtigste Intimsphäre des Künstlers strikt gemieden" worden sei (Graf 1994, p 606). Neufforge, dessen neunbändige Vorlagensammlung *Receuil Elémentaire d'Architecture* 1772 abgeschlossen wurde, liefere dagegen nur eine Enzyklopädie von unverstandenen Formen. Das ändert nicht viel an Grafs Beurteilung: „Die systematische Erfindungslosigkeit von Neufforge ist ein prophetisches Wahrwort über die Rationalisation der Modernisation, die nach der Revolution den Erdball eroberte." (ibid, p 825)

37 Das Argument der ‚Gleichförmigkeit' von Durands Grundrissen ist nur aus einer streng funktionalistischen Betrachtungsweise aufrechtzuerhalten, die zwischen einem Schlachthof und einer Akademie einen deutlicheren Unterschied erwarten muß. Allerdings darf man vermuten, daß sich hinter diesem nur vordergründig funktionalistischen Argument als eigentlicher Antrieb die alte ‚Caractère'-Lehre verbirgt.

38 Durand beeilt sich, hinzuzufügen, daß das nur für Europa gelte. Immerhin hat das 18. Jahrhundert die orientalische Architektur als eigenständig entdeckt und vor allem in der chinesischen Kultur eine ältere Tradition als die antike vorgefunden und diese eine Zeit lang, freilich in modischer Verkürzung, zu kopieren versucht.

39 Das Thema ‚Gefängnis' regt als *extreme* Bauaufgabe besonders dazu an, seinen Inhalt formal zum Ausdruck zu bringen (Ledoux's Gefängnisentwurf für Aix-en-Provence ist dafür ein hervorragendes Beispiel). Daß Durand auch hier auf ‚Bedeutung' verzichtet, ist bemerkenswert.

40 Bauökonomie war spätestens seit der Revolution ein wesentliches Thema. Bereits Durands zeitweiliger Kollege an der Ecole de Polytechnique, J.B. Rondelet (1734–1829) hat unter anderem eine neue Methode für genaue Baukostenberechnungen entwickelt (Kruft 1985, p 312).

41 „Nur einen Herrn kennt die Kunst: Das Bedürfnis. Sie artet aus, wo sie den Launen des Künstlers, noch mehr, wo sie mächtigen Kunstbeschützern gehorcht." (Semper 1834, p VIII)
42 Die Bezeichnung „organisch" scheint für Durands reduzierte, auf einfachen Grundgeometrien basierende Typologie ungewöhnlich. Daß das Organische sich dabei nicht auf die Form bezieht, sondern auf Theorie und Methode, in denen ja Lebensfunktionen, Entwicklung, generatives Wachstum angesprochen werden, sollte klar sein. Ein Hinweis, daß der Begiff des „Organischen" auch zu Durands Zeit in einem solchen übertragenen Sinn verstanden wude, findet sich in der gesellschaftspolitischen Theorie des Saint-Simonismus, der eine „organische Gesellschaftsordnung" (im Gegensatz zur herrschenden) anstrebte.
43 Semper nennt ihn in einer frühen Schrift einen „Schachbrettkanzler für mangelnde Ideen" (Semper 1834, p VI); sechzehn Jahre später, in einem Manuskript zu einer vergleichenden Baulehre, ist das Urteil differenzierter: Zwar seien Durands Darstellungen der Monumente inkorrekt und seine Wiederherstellungen willkürlich, aber „trotz aller dieser Mängel bilden seine Werke noch immer die schätzbarsten Elementarbücher für angehende Baukünstler" (Herrmann, 1981). Semper lobt vor allem den integrativen Ansatz Durands, dem es noch am besten gelungen sei, den Zusammenhang der verschiedenen architekturtheoretischen „Doctrinen" – zumindest „der äußeren Form nach" (ibid) – darzustellen.
44 Vgl. Georgiadis (1992). „War für Kant Schönheit das, was ‚ohne Begriff allgemein gefällt', so meinte Quatremère, daß die Kunst durchaus begrifflich faßbar wäre, daß sie einer allgemeinen Grammatik zu gehorchen und sich nach festen Prinzipien zu richten hätte, die von den Gesetzen des Verstandes und der Gefühle abgeleitet würden. Quatremères Vorhaben lief also auf einen Objektivierungsversuch von Kunst hinaus und folglich auch auf deren Institutionalisierung. Die Institutionen Kunst und Architektur standen im Mittelpunkt seiner Bemühungen."
45 „Das Moment der formalen Realisierung dagegen impliziert die Bezugnahme auf ganz präzise formale Werte der Vergangenheit, aufgrund derer der Künstler ein Werturteil formuliert. Es ist jedoch klar, daß auch dieses Urteil die Typologie noch beinhaltet, so daß also ein Werturteil sich auf der Basis einer bestehenden formalen Lösung bildet und gleichzeitig die Art beurteilt, wie der Künstler das zugehörige typologische Schema überwunden hat" (Argan 1962).
46 Daß Architektur in irgendeiner Weise die Gesellschaft, in der sie entsteht, widerspiegelt, wäre trivial. ‚Guter Geschmack' und ‚Charakter' sollen dagegen andeuten, daß die Architektur ihren Wesensinhalt in der Interpretation des gesellschaftlichen Selbstverständnisses hat.

3 Typ und Stil

47 Diese Frage ist insofern interessant, als bei der Diskussion des Typusbegriffs ab 1960 diese Ansätze praktisch ausgeklammert blieben (vgl. Vidler 1977).

48 Böttichers *Tektonik* ließe sich durchaus mit Abbildungen von Bauten Hector Guimards illustrieren. In dieses Bild paßt auch, daß Bötticher 1846 in einer Festrede in memoriam seines Mentors Schinkel darauf hinweist, daß die zukünftige Architektur eine Eisenarchitektur sein werde, da Eisen nicht nur die Kräfte von Druck und Schub, sondern auch Zugkräfte aufnehmen und ‚übersetzen' könne.

49 Semper entlehnt diesen Begriff aus den Sprachwissenschaften. Rykwert behauptet, daß auch die Betonung der Bearbeitungs*weise* gegenüber dem Material oder der Struktur durch die Linguistik beeinflußt sei. Er weist insbesondere auf eine Formulierung Wilhelm von Humboldts hin: „Sie [die Sprache] ist kein Werk [ergon], sondern eine Tätigkeit [energia]... Sie ist nämlich die sich ewig wiederholende Arbeit des Geistes, den articulierten Laut zum Ausdruck des Gedankens zu machen." (Rykwert 1983, p 224)

50 Georg Germann hat eine solche Interpretation für Sempers *Haus Sonnenbühl* in Zürich versucht; er gesteht aber ein, daß der Nachweis eines deutlichen, auf die im *Stil* entwickelte Theorie zurückzuführenden Unterschieds zwischen Semper und der übrigen Neurenaissance erst erbracht werden müsse (Germann 1985, p 133).

51 In *Das Prinzip der Bekleidung*: „Hier hat der architekt die aufgabe, einen warmen, wohnlichen raum herzustellen. Warm und wohnlich sind teppiche. Er beschließt daher einen solchen auf den fußboden auszubreiten und vier teppiche aufzuhängen, welche die vier wände bilden sollen. Aber aus teppichen kann man kein haus bauen. Sowohl der fußteppich als auch der wandteppich erfordern ein konstruktives gerüst, das sie in der richtigen lage erhält. Dieses gerüst zu erfinden, ist erst die zweite aufgabe des architekten" (Loos 1921 (1981), p 139). Vgl. (Semper 1851, p 58): „Selbst, wo die Aufführung fester Mauern erforderlich wurde, bildeten sie nur das innere nicht sichtbare Gerüste, versteckt hinter den wahren und legitimen Repräsentanten der Wand, den buntgewirkten Teppichen."

52 Oechslin stellt dazu fest: „*Tektonik* und Bekleidungstheorie werden weiterhin häufig zitiert. Auch wenn sie gelegentlich zu Reizworten verkamen, blieben sie trotzdem in der Erinnerung haften. Und dasselbe gilt auch von den anderen, damit verknüpften Begriffen, der Kern- und Kunstform, der Hülle und Bekleidung. Es gehört andererseits zum Vergessen, daß die komplexeren, für das Begreifen wesentlichen Zusammenhänge zurücktreten, um dafür einigen Begriffen und Sprachhülsen ihr Überleben zu sichern." (Oechslin 1994, p 89)

4 Der industrielle Prototyp: Form, Funktion und Perfektion

53 Darin liegt ja die Kernthese von Ornament und Verbrechen: „Der moderne mensch, der das ornament als zeichen der künstlerischen überschüssigkeit vergangener epochen heilig hält, wird das gequälte, mühselig abgerungene und krankhafte der modernen ornamente sofort erkennen. Kein ornament kann heute

mehr geboren werden von einem, der auf unserer kulturstufe lebt." (Loos, 1931 (1982), p 86)

54 Alberti definiert Schönheit als »bestimmte gesetzmäßige Übereinstimmung aller Teile, die darin besteht, daß man weder etwas hinzufügen noch hinwegnehmen oder verändern könnte, ohne sie weniger gefällig zu machen.« (vgl. von Naredi-Rainer, 1994, p 22 f) „Concinnitas" in der Architektur ist für Alberti äquivalent zu „Harmonia" in der Musik.

55 In einem Text von Loos – *Das Mysterium der Akustik* – findet sich dazu eine Parabel. Es geht um die Frage, wovon die Akustik eines Konzertsaals abhänge. Loos behauptet, daß man dazu in einem Saal gute Musik machen müsse: „Im mörtel des bösendorfersaales wohnen die töne Liszts und Meschaerts und zittern und vibrieren mit jedem tone eines neuen pianisten und sängers mit." Diese Qualität sei allerdings fragil: „Man lasse acht tage eine militärmusik im Bösendorfersaal schmettern, und die berühmte akustik des raums ist sofort beim teufel." (Loos 1931 (1982), p 117) In aphoristischer Zuspitzung wird hier die Loossche Ansicht über die dynamische Beziehung zwischen Form und Funktion sichtbar.

56 Werner Oechslin knüpft in (Oechslin 1994, p134) an die Tatsache an, daß Loos die Ingenieure nicht nur mit den Schneidern, sondern auch mit den Hellenen verglichen hat – „Die Engländer, die Ingenieure, das sind unsere Hellenen" (Loos 1921(1981), p 90), – und damit, so wie Le Corbusier, Griechenland zum „einzig gültigen Maßstab" (Oechslin 1994, p134) erklärt hätte, zum „Ideal, das auf Notwendigkeit abgestützt ist" (ibid). Die Hellenen selbst scheinen die Baukunst jedenfalls nur als Handwerk betrachtet zu haben. Sokrates stellt die „die guten Schmiede und guten Baumeister" nebeneinander, und Aristoteles spricht von „den anderen Künsten, selbst den handwerksmäßigsten, wie die Baukunst und die Schuhmacherei" (zit. nach Schumacher 1938(1983), p 27).

57 Dieses Ziel ist in der Geschichte der Architekturtheorie nichts Neues. Schon bei Vitruv heißt es gleich zu Beginn des ersten der *Zehn Bücher über die Architektur*, daß der Architekt zwar die ‚fabrica', die handwerkliche Seite des Bauens, beherrschen müsse, aber zusätzlich ‚ratiocinatio', also theoretische Konzeption brauche (Kruft 1985, p 24). Dieser Gedanke wird in der Architekturtheorie der Neuzeit fortgeführt. Eine auffällige Parallele gibt es dabei zwischen Le Corbusiers Ansatz und jenem von Alberti: auch für Alberti ist die Geometrie das Werkzeug, das die Harmonie vermittelt, und wo Le Corbusier die Exaktheit der Maschine zum Vorbild nimmt, ist es für Alberti die Exaktheit der musikalischen Harmonic, und auch ihm geht es darum, die Architektur zu nobilitieren und sie auf das Niveau der zeitgenössischen humanistischen Wissenschaften zu heben (Für Palladio wird sie dann bereits die ‚scientia nobilissima' sein). Zu jeder wissenschaftsgeschichtlichen Zäsur scheint es mit einiger Verzögerung entsprechende Assimilierungstendenzen in der Architektur zu geben: die naturwissenschaftliche Revolution des späten 18. Jahrhunderts beeinflußt Durand und Semper und damit indirekt die Architektur des 19. Jahrhunderts. Und erst Anfang des 20. Jahrhunderts werden die ingenieurwissenschaftlichen Methoden des 19. Jahrhunderts zum brennenden architekturtheoretischen Thema. Le Corbusier ist

natürlich nicht der einzige, der dieses Thema aufgreift. Mit dem Begriff von der „Machine à habiter", der Wohnmaschine, bringt er das Problem aber auf den Punkt.

58 Diese „Freude an der Kraft" scheint auch für die Bewertung von Le Corbusiers Proportionstheorien wichtig zu sein. Der Modulor ist nicht nur Maßregler, sondern formende Kraft, eine generative Abstraktion, ausufernd und weltumspannend – eine Maschine, die kaum aufzuhalten ist (vgl. etwa das Kapitel *Spiele* im *Modulor* (Le Corbusier 1956(1978), p 94 f)). Die Mechanismen dieses Spiels sind tatsächlich absolut: „HIER spielen die GÖTTER! ich schaue zu und halte mich weislich außerhalb des Lustgartens!" (ibid p 238)

59 Auch den Modulor versteht Le Corbusier als universelles Gesetz für einen bestimmten – maßsetzenden – Teil der Gestaltung. Und folgerichtig sieht er für den Modulor eine entsprechend weltumspannende Wirkung voraus, vom Modulor-Freundschaftsbund bis zur Modulor-Weltzeitschrift, deren Themen „von der Kücheneinrichtung bis zu den künftigen Domen einer Einheit suchenden Welt" reichen sollen. (Le Corbusier 1956(1978), p 239)

60 Itten verließ wegen seines grundlegenden Konflikts mit Gropius in dieser Frage das Bauhaus. Gropius, der „Fühlung mit der Industrie" suchte, warf Itten vor, „im vollkommen Gegensatz zur wirtschaftlichen Außenwelt individuelle Einzelarbeit zu leisten" (Bothe et al. 1994, p 88).

61 Auch für Meyer ist ‚Wissenschaftlichkeit' freilich nicht das eigentliche Ziel, sondern nur ein Mittel zur Abstimmung der Umweltgestaltung auf die gesellschaftliche Situation, wie sie ihm aus seiner marxistischen Perspektive notwendig erscheint. Die wissenschaftliche Basis der Architektur ist Voraussetzung für eine „internationale Baugesinnung". Sie entreißt das Bauen den künstlerischen und ökonomischen Interessen Einzelner, um es zu einer „kollektiven angelegenheit der volksgenossen zu machen" (Meyer 1928(1984), p110). Der Begriff des ‚internationalen Stils' bekommt erst hier, im Kontext einer politischen ‚Internationale' seinen eigentlichen Sinn: auch der Klassizismus und der Eklektizismus des 19. Jahrhunderts waren ja ‚internationale' Formensprachen.

62 Etwa in der Botanik und der Zoologie.

63 Z.B. Rykwert in einem Text aus dem Jahr 1972: „Aus welchen Gründen auch immer, wir sind heute bei Durands vollkommen rationaler Architektur angelangt. Sein Glaube, daß das ökonomische Funktionieren eines Gebäudes Freude bereite, wird von den meisten Architekten, wenn nicht von allen Bauherren geteilt." (Ryk-wert 1983)

64 „Baukonstruktion ist die zweckmäßige und folgerichtige Verbindung von Bauelementen. Es bilden sich Industrien und Unternehmungen, die sich mit der Schaffung dieser Elemente befassen. [...] Die Industrien sorgen für Ergänzung und ununterbrochene Vervollkommnung der Elemente. Somit verfügt der Architekt über einen Baukasten. Seine architektonische Begabung kann sich frei auswirken. Nur sie bestimmt durch das Bauprogramm seine Architektur. Es kommt die Zeit der Architekten." (Le Corbusier and Jeanneret 1926(1984),

p 94 f) Über das Zusammenspiel industriell typisierter Elemente und freier Gestaltung bei Le Corbusier vgl. Reichlin (1985).

65 Metaphern, also bildhafte Übertragungen komplexer abstrakter Inhalte auf konkrete Begriffe, sind diese Objekte in Le Corbusiers *Texten*. Ob ähnliche Referenzen in seinen *Projekten* (z.B. Obergeschoß der Villa Savoye als ‚Abbild' des Hecks des Dampfers Aquitania, Abb. 13, 14) ebenfalls als Metaphern zu verstehen sind, ist eine andere Frage (vgl. Vogt 1969, p 377; Vogt 1980, p 14).

5 Typologie und Planungsmethodik

66 Vgl. Alan Colquhoun, *Typology and Design Method*: „Maldonado [Tomás Maldonado, der Nachfolger von Max Bill an der HfG in Ulm, CK] admitted, that in cases where it was not possible to classify every observable activity in an architectural program, it might be necessary to use a typology of architectural forms in order to arrive at a solution. But he added that these forms were like cancer in the body of the solution and that as our techniques of classification would become more systematic, it should be possible to eliminate them altogether." (Colquhoun (1967)1985, p 43) Typologie ist hier als eine gerade noch geduldete *Vorstufe* zu einer rationalen Planungsmethodik zu verstehen. Verfahren auf dieser Grundlage sind beispielsweise der ‚morphologische Kasten' oder das ‚Verfahren der systematischen Feldüberdeckung' (für architektonische Anwendungsbeispiele vgl. etwa Joedicke 76). Obwohl Typologie in diesem Sinn als eine Planungsmethode betrachtet werden kann, halte ich den Antagonismus zwischen *Architektur*typologie und den rationalen Planungsmethoden für den wesentlichen Faktor in der Entwicklung der Architekturtheorie der sechziger Jahre.

67 „The first [typology] developed out of the rationalist philosophy of the Enlightenment, [...] proposed that a natural basis for design was to be found in the model of the primitive hut. The second [...] proposed that the model of architectural design was to be found in the production process itself." (Vidler 1977) Daß es – zumindest im deutschsprachigen Raum – nicht ganz harmlos ist, bis drei zu zählen, ist Vidler wahrscheinlich nicht bewußt: Der Begriff ‚Dritte Typologie' verdankt seine Attraktivität demselben rhetorischen Effekt, der sich aus der Dialektik zwischen dem ‚einen', dem ‚anderen' und dem erlösenden ‚dritten' ergibt und im Nationalsozialismus weidlich genutzt wurde (nicht nur als ‚Drittes Reich', sondern auch in dessen Tarnung als ‚Dritter Humanismus' bei Lothar Helbing). Daß es Vidler um rhetorischen Effekt geht, beweist die schöne Alliteration des englischen Originaltitels seines Essays, *The Third Typology*.

68 Vgl. (Moneo 1978): „To raise the question of typology is to raise a question of the nature of the architectural work itself. To answer it means, for each generation, a redefinition of the essence of architecture and an explanation of all its attendant problems."

69 Damit ist auch eine Abgrenzung zur ‚Postmoderne' angesprochen, auf die ich hier aber nicht genauer eingehen möchte. Nur so viel: die Postmoderne kritisiert an der Moderne, daß sie die Sprachlichkeit von Architektur ignoriert hätte (etwa Charles Jencks in seiner Analyse des IIT-Campus in der ‚Sprache der Postmodernen Architektur', wo er Mies van der Rohes Heizhaus als unfreiwillige Kirche entlarvt); sie fordert diese Sprachlichkeit wieder ein, behauptet aber zugleich, daß es keine stabilen Bezugssysteme für die Bedeutung architektonischer Formen mehr gebe und erklärt diesen Umstand zum einzig möglichen Thema, über das Architektur – mit den Mitteln von Zitat und Ironie – noch sprechen könne. Eine Frage nach dem ‚Wesen' der Architektur impliziert dagegen die Entscheidung für einen Bezugspunkts.

70 Daran zu arbeiten, sei die Aufgabe sowohl der Kunsthistoriker als auch der Architekten: „Mit dem Gerede von Struktur und Funktion haben die Architekten die Kunsthistoriker für die wahre Natur des von ihnen behandelten Gegenstandes blind gemacht, und die Architekten müssen noch einmal auf die Bauten der Vergangenheit blicken, um die wahren Motive zu entdecken, die ihre Vorläufer inspiriert haben." (Rykwert 1983, p 66) Rykwerts eigene Antwort ist eine Architekturgeschichte als Geistesgeschichte, eine Form der analytischen Erzählung, die funktionelle und formale, historische, ethnologische und kulturelle Aspekte umfaßt. Beispiele dafür sind Texte wie *Die Sitzhaltung – ein Methodenproblem* (ibid, p35), *Die Korinthische Säulenordnung* (ibid, p 51), *Von der Straße lernen* (ibid, p180).

71 Marcel Griaule: *Dieu d'eau, entretiens avec Ogotemmeli*, Paris 1948, p 114; zitiert nach Vogt (1980, p 71)

72 In seinem Kinderhaus in Amsterdam – zur Zeit der Dogon-Reise entstanden – bezieht er sich formal auf bestimmte Qualitäten der islamischen Architektur. Er findet im Dogon Haus allerdings formale *Prinzipien* verwirklicht, wie die Wiederholung des Großen im Kleinen, die bei den Dogon in der Analogie zwischen Korb-Haus-Dorf-Universum verwirklicht ist.

73 Was nicht ganz unproblematisch ist, weil es zu einer vereinfachenden Rezeption verleiten kann. Vgl. dazu Moneo: „While Louis Kahn's search for origins as a primary condition of architecture allowed us to think in terms of a possible rebirth of Quatremère's ideas, this attitude was not necessarily present in his followers. They merely imitated the language of this attempted return to origins without respecting the search itself." (Moneo 1978, p 38)

74 Kahn über sein Verhältnis zur Geschichte: „Ich habe bei mir zu Hause Bücher über die englische Geschichte [...], ein acht-bändigs Werk. Ich lese nur den ersten Band, und davon nur das erste Kapitel, in dem ich immer wieder etwas Neues finde. Aber eigentlich interessiert es mich nur, den Band Null zu lesen, der noch nicht geschrieben wurde. Und dann den Band minus eins. [...] Ich glaube, daß das Gewesene schon immer gewesen ist, und daß das was ist, schon immer gewesen ist, und das was sein wird, immer gewesen ist." (Lobell 1979, p 54)

75 „The city from a simple settlement became the place of the assembled institutions." (Lobell 1979, p 45) Die Krise der Institutionen führt Kahn darauf zurück, daß sie die Sehnsüchte, denen sie ihre Existenz verdanken, nicht mehr spüren lassen. „Today, shadows are black. But really, there is no such thing as white light, black shadow. I was brought up when light was yellow and the shadow was blue. White light is a way of saying that even the sun is on trial, and certainly, all of our institutions are on trial. I believe this is so because institutions have lost the inspirations of their beginnings." (ibid, p 44)

76 Zykloide ist jene Kurve, die von einer entlang einer geraden Linie geführten Kreisbewegung beschrieben wird.

77 Für die jüngeren Bauaufgaben – von der Börse bis zum Bahnhof – läßt sich eine solche Zeitlosigkeit natürlich nicht so ohne weiteres herstellen. Carlo Aymonino bezeichnet das frühe 19. Jahrhundert als jene historische Epoche, in der sich die Typen für diese Aufgaben herausgebildet und seither nicht verändert hätten (Aymonino 1965(1978)).

78 In diesem Punkt wird auch der Unterschied zwischen Kahn und den italienischen Neo-Rationalisten deutlich. Für Kahn ist der Typus nur der Ausgangspunkt bei der Suche nach dem ‚Wesen' einer konkreten Aufgabe, Rossi will dagegen den Typus als von Funktion und Zeit unabhängige Konstante zur Darstellung bringen.

79 Diese Einschätzung wird von Vidler im übrigen nicht geteilt; er schreibt: „The continued validity of this architectural practice rests in its essential engagement with the precise demands of the present and not in any holistic mythization of the past" (Vidler 1977, p 4). Wo Rossi die ‚präzisen Anforderungen der Gegenwart' berücksichtigt, ist mir allerdings beim besten Willen nicht einsichtig. Daß er seinen Rathausentwurf für Triest nach dem Vorbild eines Gefängnistypus des 18. Jahrhunderts entwirft, um auf das Dilemma der materialistisch geprägten Gesellschaft aufmerksam zu machen, wie Vidler anerkennend bemerkt, fällt doch de facto eher in die Kategorie einer äußerst elitären Form der ‚architecture parlante'.

80 Die Hoffnung, daß die Planungsmethoden des postindustriellen Zeitalters die Qualitäten und die Sicherheit der anonymen Architektur und des Handwerks wiederherstellen könnten, ist unter den Planungstheoretikern der sechziger Jahre bezeichnenderweise häufig anzutreffen. Bei Nigel Cross findet sich beispielsweise eine Gegenüberstellung von ‚craft design', ‚professional design' und ‚postindustrial design' (Cross 1977, p 10). Alle genannten ‚positiven' Eigenschaften des ‚craft design' finden sich, mit entsprechenden Modifikationen, im ‚postindustrial design' wieder. ‚Craft design' wird beschrieben als „aufbauend auf ungeschriebenen Gesetzen, die durch feste Traditionen im Meister-Schüler-System weitergegeben werden"; ‚professional design' baue dagegen auf einer Mischung aus ‚Herumraten und Verstehen' auf, das technisches Wissen in einem großteils intuitiven Gestaltungsprozeß benützt; im ‚postindustriellen Design' schließlich gelinge „die Formulierung von expliziten Gestaltungsregeln durch Nutzung komplexer Informationsverarbeitungssysteme".

81 (Hashim 1990) leitet den Begriff ‚Operations Research' aus der Unterstützung von militärischen Operationen durch wissenschatliche Methoden während des zweiten Weltkriegs her. „After the war, and as a consequence of its success during the war, there was a large interest in using ‚operations research' to solve nonmilitary problems. Scientists tried to solve problems like marketing, finance, transportation, and many other policy problems. With the computer on the scene, scientists saw the opportunity to use it in automating parts of their approach. [...] The scientist, armed with the computer and his widened perspective, began to think of his approach as the ‚systems approach'." (ibid, p 230)

82 Sowohl Lodoli als auch Laugier waren ja keine ‚professionellen Architekten', sondern Außenseiter, was allerdings Alexanders Behauptung, sie hätten in ihren Theorien ihre eigene Tätigkeit reflektiert, einigermaßen in Frage stellt. Es scheint im Gegenteil gerade der unvoreingenommene Blick des Außenstehenden zu sein, der ihren Theorien die kritische Radikaliät gegeben hat.

83 Die Darstellung geht auf ein Projekt zurück, das Alexander 1962 für das Dorf Bavra im indischen Bundesstaat Gujarat entwickelt hat.

84 „Above all, the designer must resist the temptation to summarize the contents of the tree in terms of well-known verbal concepts. [...] If he tries to do that, he denies the whole purpose of the analysis, by allowing verbal preconceptions to interfere with the pattern which the program shows him" (Alexander 1964 (1971)). Alexander bezieht sich in den *Notes on the Synthesis of Form* vor allem auf städtebauliche Probleme. Seine Kritik am Einfluß der natürlichen Sprache läßt sich aber durchaus generalisieren: die Bezeichnung von Räumen z.B. als ‚Wohnzimmer', ‚Schlafzimmer' etc. hat einen großen Einfluß auf die Strukturierung und Wahrnehmung von Grundrissen (vor allem, aber nicht nur durch den Laien) und verhindert oft die grundsätzliche Diskussion, im genannten Beispiel etwa der Fragen des ‚Wohnens' als ‚Zusammenleben', ‚Sein' etc.

85 Im Original: „I want to state, publicly, that I reject the whole idea of design methods as a subject of study, since I think it is absurd to separate the study of designing from the practice of design. In fact, people who are studying design methods without also practicing design are almost always frustrated designers who have no sap in them, who have lost, or never had, the urge to shape things. Such a person will never be able to say anything sensible about ‚how' to shape things either." (Alexander 1964 (1971), Vorwort)

86 Natürlich vermutet er dort die entscheidende Schwierigkeit, mit der sich der Planer in der modernen Gesellschaft konfrontiert sehe und leitet daraus den hohen Stellenwert des Computers im Planungsprozeß ab.

87 Vgl. dazu auch Friedmans Einführung zum Kapitel *Computer-Aided-Participatory Design* in Negropontes *Soft Architecture Machines* (Negroponte 1975, p 93).

88 Die ideologische Grundüberlegung, den schädlichen Einfluß der ‚professionellen Planer' im Interesse der Betroffenen aus dem Planungsprozeß zu verdrängen, bestimmt die weitere Haltung Friedmans und Negropontes zur Rolle des Computers: sie erkennen bald, daß sich mit dem Computer ein neues Medium in diesen Prozeß drängt, dessen Einflüsse jenen des vielkritisierten professionellen

Gestalters um nichts nachstehen. Negroponte beschäftigt sich nach 1975 primär mit dem Medium an sich; Friedman verfolgt seine radikalen Partizipationskonzepte weiter, verzichtet dabei aber konsequenterweise auf Computerunterstützung (Friedman 1975).

89 Mit diesem Begriff – der die Idee einer ‚Maschinenintelligenz' ja nicht wirklich ausschließt – waren die Vertreter dieser Richtung wenig glücklich (vgl. Simon (1981, p 7): „Our own research group at Rand and Carnegie-Mellon preferred phrases like ‚complex information processing' and ‚simulation of cognitive processes'. [...] At any rate ‚artificial intelligence' seems to be here to stay, and it may be easier to cleanse the phrase than to dispense with it.")

90 Die gehirnphysiologischen Grundlagen des Denkens interessieren Simon nur insofern, als er in ihnen ‚Beschränkungen der menschlichen Hardware' zu erkennen hofft, die Computersysteme möglicherweise überwinden könnten (z.B. beschränktes Speichervermögen des Kurzzeitgedächtnisses) (Simon 1981, p 97).

91 Der englische Begriff ‚Design' bezeichnet bei Simon generell die Gestaltung künstlicher Systeme, bezieht sich also auf Maschinen und Häuser genauso wie auf soziale Systeme.

92 Alexander argumentiert in den *Notes on the Synthesis of Form* ähnlich: „The behavior of soap films is so thoroughly understood that we know the functional properties of any given physical arrangement, and we know what shapes and sizes of bubbles different external conditions lead to. In this case, the formal and the functional descriptions are just different ways of saying the same things. [...] It is the aim of science to give such a unified description for every object and phenomenon we know. [...] The solution of design problem is really only another effort to find a unified description" (Alexander 1964 (1971), p 90). Alexander weist allerdings explizit darauf hin, daß diese Übereinstimmung zwischen Form und Funktion nicht bedeute, daß die Form der Funktion folge. Für die meisten Gestaltungsproblem gebe es mehrere Lösungen (ibid footnote 10); außerdem ließe sich die Form auch als Hypothese über Funktion und Kontext auffassen (ibid p 91).

93 Eine ausführliche Diskussion dieses Gedankens und seiner Konsequenzen für das CAAD bietet John Archeas Text *Puzzle Making – What Architects Do when no one is Looking* (Archea 1987). Archea stellt das Lösen eines Kreuzworträtsel als klassisches Beispiel von ‚problem solving' dem Herstellen eines Kreuzworträtsels gegenüber und verwendet letzteres als Analogie für die Entwurfsarbeit des Architekten.

6 Typologie und Wissensrepräsentation

94 (Davis, Shrobe et al. 1993) unterscheiden für jede Form der Wissensrepräsentation fünf verschiedene Rollen: „(1) a surrogate, that is used to enable an entity to determine consequences by thinking rather than acting, (2) an ontological commitment, (3) a fragmentary theory of intelligent reasoning, (4) a medium for pragmatically efficient computation, (5) a medium of human expression."

95 Für Pattern 49, Looped Local Roads, lautet die Kurzform des Problems: „Nobody wants fast through traffic in his neighbourhood", diskutiert werden dann verschiedene Möglichkeiten, dieses Ziel zu erreichen (Sackgassen, Einbahnsysteme etc.); die Handlungsanweisung lautet „Therefore: Lay out local roads so that they form loops. A loop is defined as any stretch of road that makes it impossible for cars that don't have any destinations on it to use it as a shortcut. [...]" (Alexander, Mishikawa et al. 1977, p 262 f)

96 Diese besondere Struktur rechtfertigt es, die Pattern Language als wissensbasiertes *System* zu bezeichnen. Man könnte die gesamten inhaltlichen Aussagen aus der *Pattern Language* entfernen und hätte dann eine Art von ‚Pattern Shell', die mit anderen Inhalten gefüllt werden könnte. Alexander selbst spricht davon, daß es sich um *eine* Pattern Language, und nicht notwendigerweise um die einzige mögliche oder richtige handelt; sie sei aber zumindest „eine kohärente Version" (Alexander, Silverstein et al. 1975). Technisch entspricht die Struktur der Pattern Language einem semantischen Netzwerk, das zwischen den Patterns aufgebaut wird; die Wenn-Dann-Regeln in den einzelnen Patterns lassen sich dagegen nicht in ein ‚regel-basiertes' System übersetzen, da die Unabhängigkeit der Aussagen und damit der jeweils verwendeten sprachlichen Konstrukte in den einzelnen Patterns eine Verbindung der Regeln so gut wie unmöglich macht.

97 Die bisherigen Ansätze, Alexanders Patterns zur Grundlage ‚intelligenter Entwurfsassistenten' machen, stützen diese Behauptung. *MacAlex* (Galle 1994) ist ein allerdings nur ansatzweise implementierter Prototyp eines solchen Assistenten, der eine Art von Skizzieren im frühen Entwurfsstadium ermöglichen soll. Der Benutzer des System muß dabei zwischen ‚Part Types', ‚Pattern Types' unterscheiden und jedem ‚part Type' mindestens einen ‚Pattern Type' zuordnen, bevor er eine ‚instance' davon in seinem Projekt erzeugen kann. Bemerkenswert ist, daß MacAlex damit die von Alexander bewußt herbeigeführte Verbindung von ‚requirement diagram' und ‚form diagram' in ein ‚constructive diagram' (siehe S. 84) wieder aufhebt, auf der anderen Seite aber keine Möglichkeit bietet, die Beziehungen zwischen einzelnen ‚Patterns' zu repräsentieren. Gerade in diesen Beziehungen ist aber die korrekte Dekomposition des Entwurfsproblems, eines von Alexanders wesentlichsten Anliegen, festgelegt.

98 Ganz am Ende seiner *Logic of Architecture* bezeichnet Mitchell – nicht ganz im Einklang mit seiner vorangegangenen Darstellung – Formengrammatiken als Synthese von formalen und funktionalen Regeln: „Formally, design is execution of a computation in a shape algebra to produce required shape information, and the rules of a shape grammar specify how to carry out that computation.

Theses rules encode knowledge of form, function and the combination of the two." (Mitchell 1990, p 238) Vgl. dazu auch Mitchell, Liggett et al. (1991).
99 Mitchell zitiert Sir Henry Wottons berühmte Übersetzung von Vitruvs ‚firmitas, utilitas und venustas' als Abschluß eines Abschnitts über ‚The Ends of Architecture'.
100 Vgl. Cross (1977), *The automated Architect*. Cross gibt in diesem Buch eine Zusammenfassung der Entwicklung der Theorie des CAAD bis 1977; seine Darstellung ist durchaus kritisch. Er verwirft die Gleichsetzung von ‚Problemlösen' und ‚Gestalten' und gesteht der Architektur sogar eine Rolle als ‚autonome Disziplin' zu: „Design problems are not like scientific [...] problems. They are not like crossword puzzles [...] that have a single answer. They are not like problems of the artist, who works principally to solve self-imposed goals and standards. Design problems often contain aspects of all these other types of problems, whilst remaining distinct" (ibid p 140). Es findet sich im Buch jedoch kein Hinweis auf die Rolle von Präzedenzfällen in der Architektur und deren mögliche Bedeutung für das CAAD. Die angeführten Systeme gehören durchwegs zum Bereich von ‚space-allocation', Optimierung, und ähnlichem.
101 Eine einfache Darstellung des ‚frame'-Konzepts als Methode zur Wissensrepräsentation und ein Vergleich mit anderen verwandten Methoden finden sich in (Coyne, Rosenman et al. 1990, p 148 f; Lenart 1991, p 220 f). Obwohl sich ‚frames' in Form von Regeln und Fakten darstellen lassen, ist das zugrundeliegende Modell des Denkens entscheidend anders. So schreibt etwa Roger Schank, dessen ‚scripts' (Schank und Abelson 1977; Schank 1982) als ‚vordefinierte, stereotype Sequenzen von Aktionen, die eine bekannte Situation beschreiben' auf das Konzept der ‚frames' zurückzuführen sind: „Real thinking has nothing to do with logic at all. Real thinking means retrieval of the right information at the right time. [...] Thinking of the kind that attempts to reason from first principles, hardly occurs at all." (Hammond 1989, Vorwort, p XV)
102 Die Beziehung zum ‚objektorientierten' Vorgehen in Analyse, Design und Programmierung im Bereich der Softwaretechnologie ist in diesem Zusammenhang zu erwähnen. Diese Beziehung ist allerdings keineswegs einseitig: eine der Wurzeln des objektorientierten Ansatzes ist, wie Alan Kay in *The Early History of Smalltalk* berichtet (Kay 1993), in Ivan Sutherlands SKETCHPAD, einem visionären CAD-System, das weit über die reine Geometriebeschreibung hinausging (Sutherland 1963), zu finden.
103 Ich verwende im folgenden Prototyp im Sinne von ‚Design-Prototyp'.
104 Den genaueren Aufbau eines Design-Prototyps beschreibt Gero folgendermaßen: „Ein Prototyp umfaßt Aussagen über die benötigten Interpretationen oder Bedürfnisse [also wofür der Prototyp dient, CK], ein Vokabular von Elementen, Wissen über dieses Vokabular und die Beziehung zwischen Vokabular und Bedürfnissen, sowie parametrisierte Entwurfsbeschreibungen oder einen parametrisierten Entwurfsgenerator" (Gero, Maher et al. 1988). Diese Darstellung wird in einer Weiterentwicklung des Prototyp-Konzeptes (Gero 1990) noch weiter ausgebaut, indem die Beziehung zwischen der Struktur einer Sache und der

Funktion, die sie erfüllen soll, durch einen dritten Begriff, nämlich das ‚Verhalten', ergänzt wird. Dadurch soll der „Funktions-Form-Nexus" aufgebrochen werden, der das Prototyp Konzept auf nicht viel mehr als parametrisierte Elemente reduzieren würde (ibid p 33). Die Suche nach einem geeigneten Prototyp wird üblicherweise mit einer Liste von Anforderungen beginnen, die der Entwerfer vom Klienten bekommt; diese Liste wird mit dem von Prototypen angebotenen ‚Verhalten' verglichen und liefert einen geeigneten Start-Prototyp. Dieser Prototyp ist einerseits eine Lösung auf einem bestimmten Abstraktionsgrad, impliziert aber zugleich eine Liste von Anforderungen, die durch andere, spezialisiertere Prototypen befriedigt werden müssen. Auch diese werden über das ‚Verhalten', das sie jeweils anbieten, ausgewählt.

105 Tzonis geht insofern über das Prototyp-Konzept hinaus, als er die Rolle des freien Assoziierens im Gestaltungsprozeß herausstreicht. In seinem Vorschlag für ein ‚wissensbasiertes Gestaltungssystem' auf dieser Basis versucht er so wie Gero den „Funktions-Form-Nexus" aufzubrechen, verwendet dabei allerdings andere Begriffe. Tzonis spricht von Form, Arbeitsweise und Leistung anstelle von Struktur, Funktion und Verhalten (im Original: form, operation, performance vs. form, function, behaviour).

106 Zur automatischen Verarbeitung dieser Elemente schlägt er ihre Darstellung in Form von ‚frames' vor.

7 Die entfesselte Maschine

107 Jeffrey Kipnis spricht in diesem Zusammenhang von einer „single theme architecture", die bei der Wahl ihres Themas bald in Argumentationsnotstand geraten würde: soll man etwa Gebäudeformen aus den Luftturbulenzen ableiten, die von den Passanten erzeugt werden, die am Bauplatz vorbeigehen? (Kipnis, 1993)

108 In dieselbe formale Gruppe gehören Eisenmans Projekte für ein Hotel in Banyoles bei Barcelona (1988) und für die Architekturschule in Cincinnati, Ohio (1988). Eisenman spricht dabei von „weak architecture" und „weak form". Formale Ausgangspunkte für das Convention Center in Columbus waren zwei „auf eigenartige Weise verwandte Diagramme, ein Querschnitt durch ein Glasfaserkabel und eine Abbildung der Schienen und Weichen, die einmal das Grundstück in Columbus eingenommen hatten. Eisenman entwickelte daraus sein siegreiches Projekt: eine aus wurmförmigen Elementen zusammengedrehte monolithische Box" (Kipnis 1993, p45).

109 Natürlich ist der Computer für die verschiedenen Spielarten dessen, was heute als ‚dekonstruktivistischer' Stil kanonisiert ist, mehr als nur das effizienteste Werkzeug einer ‚autorlosen Transformation'. Ohne computergestützte Verfahren wäre die exakte Beschreibung und oft auch die Generierung der dabei verwendeten Geometrien nicht mehr möglich, ebensowenig deren bauliche Umsetzung in größerem Maßstab. Ob diese Faktoren zusammen mit den sozialen Konsequenzen der neuen Medien und der globalen Vernetzung die breite Architekturproduktion

ähnlich stark verändern werden, wie es zuletzt Ende des 19. Jahrhunderts geschehen ist, wäre gesondert zu diskutieren. Im Rahmen der hier angestellten Betrachtungen über Typologie und Stilverzicht ist die Frage der ‚Autorlosigkeit' und ihrer Unterstützung durch den Computer der vorrangige Aspekt, und nur dieser soll im folgenden genauer untersucht werden.

110 Charles Jencks nennt Eisenmans Häuser „herausfordend antifunktional" – immerhin sei Eisenman stolz darauf gewesen, daß sein Haus II nicht von dem Mathematiker bewohnt wurde, für den es gebaut war. Eisenman betont dagegen, nie antifunktional gewesen zu sein, sondern sich nur dagegen gewandt zu haben, die Funktion zu thematisieren. Die Herausforderung räumt er freilich ein: „Meine Arbeit greift die Vorstellung vom Wohnen als etwas Gegebenem an. Sie ist gegen die traditionelle Vorstellung gerichtet, wie man ein Haus bewohnt [...] Und daß man mitten im Schlafzimmer eine Säule hat, so daß man kein Bett hineinstellen kann, hat sicher die Vorstellung attackiert, wie man ein Schlafzimmer bewohnt". (Eisenman 1995, p 244)

111 Eisenman hat dazu 1963 bei Colin Rowe in Cambridge seine Dissertation verfaßt. Anlaß dafür bot Christopher Alexanders Doktorarbeit *Notes on the Synthesis of Form*, die Eisenman in Cambridge als Manuskript zu lesen bekam: „Der Text verärgerte mich derart, daß ich beschloß, meine eigene Doktorarbeit zu schreiben. Ihr Titel lautete *The Formal Basis of Modern Architecture*; es war der Versuch, die Argumentation des Alexanderschen Buchs dialektisch zu widerlegen. Sein Buch wurde veröffentlicht, meine Arbeit war so primitiv, daß ich niemals auch nur daran gedacht habe, sie zu veröffentlichen." (Eisenman 1995, p 227)

112 Beim Morphing werden geometrische Figuren ineinander übergeführt, indem Bildpunkte einer Figur kontinuierlich in Bildpunkte einer anderen transformiert werden. Plottegg hat diese Methode der Formüberführung bereits 1991 mit einem zweidimensionalen Morphing-Algorithmus angewendet (Plottegg 1991 (1996) p 79). Das Morphen eines Pferdes in eine Giraffe erzeugt vorhersehbare Zwischenstufen; derselbe Algorithmus läßt sich aber auch für völlig unterschiedliche Formen anwenden. Plottegg morpht – mit ironischem Verweis auf Lequeu – ein Haus und eine Kuh.

113 Selim Koder, in Eisenmans Büro für CAAD verantwortlich, berichtete in einem Vortrag in Wiesbaden 1993 vom Anspruch, jede kleinste Falte des Computermodells auch baulich präzise umzusetzen.

114 In seiner Analyse von Eisenmans Werk versucht Ullrich Schwarz, dieses Verwischen nicht als *Darstellung* gelten zu lassen. Eisenmans Architektur würde wirksam bleiben, indem sie ihre Absenz spürbar mache, aber nicht darstelle: „Sie bildet nicht ein verlorenes Ganzes ab, aber auch genausowenig das Chaos. Sie bildet überhaupt nichts mehr ab." (Schwarz 1996, p 51)

115 Der Bauherr des Koizumi Sangyo Bürogebäudes in Tokyo hat Eisenman dezidiert beauftragt, ein Gebäude zu entwerfen, das auf mindestens sechs Titelseiten von Journalen zu sehen sein würde. Eisenman konnte mit über zehn *covers* diese Erwartung weit übertreffen.

116 „Ich möchte nicht wie ein sozialer Wohltäter klingen, aber ich bin der Überzeugung, daß ich immer in Verantwortung gegenüber der Gesellschaft gehandelt habe. Wer das Gewohnte problematisiert, handelt in diesem Sinne gesellschaftlich verantwortlich." (Eisenman 1994(1995) p 327)

117 Dieselbe Stelle im Zusammenhang: „Über die Stadt des elektronischen Zeitalters wird heute immer noch in futuristischen Bildern nachgedacht. Hier muß man einen anderen Ansatz finden. Verbunden mit diesem Problem ist die Unfähigkeit der Verantwortlichen, insbesondere in Nordamerika, die Notwendigkeit von Architektur für den öffentlichen Bereich zu erkennen [...] Keine staatliche Stelle gibt Architekten Aufträge, die auch etwas riskieren. Niemand scheint die Notwendigkeit zu erkennen, jemanden wie mich über Gefängnisse oder die Unterbringung von Obdachlosen nchdenken zu lassen. Aber eines Tages werde ich mich mit diesen Dingen befassen." (Eisenman 1994(1995), p 328)

Bibliographie

Akin, O. (1986) Psychology of Architectural Design. London. Pion Limited.

Alexander, C. (1964(1971)) Notes on the Synthesis of Form. Cambridge, Massachusetts. Harvard University Press.

Alexander, C. (1979) The Timeless Way of Building. New York. Oxford University Press.

Alexander, C., S. Mishikawa, et al. (1977) A Pattern Language. New York. Oxford Univesity Press. Deutsche Ausgabe: Eine Muster-Sprache: Städte, Gebäude, Konstruktion / C. Alexander, S. Mishikawa et al., Hrsg. Hermann Czech, Wien, Löcker 1995.

Alexander, C., M. Silverstein, et al. (1975) The Oregon Experiment. New York. Oxford University Press.

Archea, J. (1987) Puzzle-Making: What Architects do when no one is Looking. In: Y. Kalay, Hrsg., Computability of Design. New York. John Wiley and Sons.

Argan, C. G. (1962) Sul concetto di tipologia architettonica. In: Festschrift für Hans Sedlmayr, München. Deutsche Übersetzung in: Typologie – Vorlesungsmaterialien des Instituts für Geschichte und Theorie der Architektur der ETH Zürich, 1992, Übersetzung: Sabine Felder.

Aymonino, C. (1965(1978)) Die Herausbildung des Konzepts der Gebäudetypologie. Arch + 37. 1965(1978). Beitrag zum Symposium über die „Beziehung zwischen der Stadtmorphologie und der Gebäudetypologie", Venedig, 1965; Übersetzung: Nikolaus Kuhnert und Michael Peterek.

Bloomer, K. C. und C. W. Moore (1977) Body, Memory, and Architecture. New Haven and London. Yale University Press.

Bothe et al., R. (1994) Das frühe Bauhaus und Johannes Itten. Hatje, Ostfildern-Ruit.

Bötticher, K. (1844) Die Tektonik der Hellenen. Auszugsweise abgedruckt in: Werner Oechslin, Stilhülse und Kern, gta/Ernst&Sohn, 1994.

Buchanan, B. G. (1982) New Research on Expert Systems. In: J. E. Hayes and D. Michie, Hrsg., Machine Intelligence 10. London. Wiley.

Colquhoun, A. ((1967)1985) Typology and Design Method. In: A.Colquhoun, Essays in Architectural Criticism. Cambridge, Massachusetts. MIT Press. 43–50.

Coyne, R. D., M. A. Rosenman et al. (1990) Knowledge-Based Design Systems. Reading, Massachusetts. Addison-Wesley.

Cross, N. (1977) The Automated Architect. London. Psion.

Davis, R., H. Shrobe et al. (1993) What is a Knowledge Representation? AI Magazine. 1993. 14. 1.

Durand, J. N. L. (1800) Recueil et Parallèle des Edifices en tout genre, anciens et modernes. Paris.

Durand, J. N. L. (1802) Précis des Leçons d'architecture données à l'École Polytechnique. 1802 – 1805, überarbeitete Ausgabe 1817 – 1819 Paris.

Durand, J. N. L. (1831) Abriß der Vorlesungen über Baukunst. Carlsruhe und Freiburg. Herdersche Kunst- und Buchhandlung.

Eisenman, P. (1995) Aura und Exzeß – Zur Überwindung der Metaphysik der Architektur. Hrsg. von Ullrich Schwarz. Wien. Passagen Verlag.

Eisenman, P. (1984(1995) Das Ende des Klassischen: *Das Ende des Anfangs, das Ende des Ziels*, in: Eisenman 1995, p 65–87

Eisenman, P. (1987(1995) Misreading Peter Eisenman, in: Eisenman 1995, p 109–143

Eisenman, P. (1989(1995) Die blaue Linie, in: Eisenman 1995, p 145–150

Eisenman, P. (1992(1995) Vom Prozeß zur Präsenz – Ein Gespräch mit Frédéric Levrat, in: Eisenman 1995, p 273–294

Eisenman, P. (1994(1995)) Das Wilde und das Zivilisierende in der Architektur, in: Eisenman 1995, p 307–328

Foucault, M. (1966(1994)) Die Ordnung der Dinge. Frankfurt am Main. Suhrkamp.

Friedman, Y. (1975) It's Your Town – Know How to Protect It. Strasbourg, France.

Galle, P. (1994) Computer support of architectural sketch design: a matter of simplicity. Environment and Planning B: Planning and Design. 21. p 353–372

Georgiadis, S. (1992) A.-C. Quatremère de Quincy, J.N.L. Durand: Architektur als objektives System. In: Vorlesungsunterlagen, Institut gta, ETH-Zürich, 2. Jahreskurs, WS 91/92.

Germann, G. (1982) Albertis Säule. In: C. Braegger, Hrsg., Architektur und Sprache. München. Prestel Verlag. 79–95.

Germann, G. (1985) Sempers Werk über den Stil als Anleitung zur Praxis. In: K. Medici-Mall, Hrsg., Fünf Punkte in der Architekturgeschichte. Basel, Boston, Stuttgart. Birkhäuser.

Gero, J. S. (1990) Design Prototypes: A Knowledge Representation Schema for Design. AI Magazine. 1990. 4. 26–36.

Gero, J. S., M. L. Maher et al. (1988) Chunking Structural Design Knowledge as Prototypes. In: J. S. Gero, Hrsg., Artificial Intelligence in Engineering: Design. Amsterdam. Elsevier. 3–21.

Gero, J. S., A. D. Radford et al. (1985) Knowledge-Based Computer Aided Design. In: J. S. Gero, Hrsg., Knowledge Engineering in Computer-Aided Design. Amsterdam. Elsevier.

Gips, J. und G. Stiny (1980) Production systems and grammars: a uniform characterization. Environment and Planning B. 1980. 7. 399–408.

Graf, O. A. (1994) Otto Wagner: Sicard und Van der Nüll – Zu den Anfängen der Moderne. Wien. Böhlau Verlag Wien, Köln, Weimar.

Gropius, W. (1919) Programm des Staatlichen Bauhauses in Weimar. Faksimile in: „Das frühe Bauhaus und Johannes Itten", Hatje 1994, p 10–12.

Habermas, J. (1985) Die neue Unübersichtlichkeit, in: Merkur 431, Jan 1985.

Hammond, K. J. (1989) Case-Based Planning – Viewing Planning as a Memory Task. Boston. Academic Press, Inc.

Hashim, S. (1990) The Theory of Problem Solving by Argumentation. In: Hashim, S., Exploring Hypertext Programming. Windcrest Books. Blue Ridge Summit.

Hauser, A. (1982) Architecture parlante – stumme Baukunst? Über das Erklären von Bauwerken. In: C. Braegger, Hrsg., Architektur und Sprache. München. Prestel Verlag.

Hayes-Roth, F., D. A. Waterman et al. (1983) Building Expert Systems. Reading, Massachusetts. Addison-Wesley.

Hermann, W. (1981) Gottfried Semper. Theoretischer Nachlass an der ETH Zürich Katalog und Kommentare. Schriftenreihe gta 15. Basel, Boston, Stuttgart. Birkhäuser.

Hernandez, A. (1968) Jean-Nicolas-Louis Durand und die Anfänge einer funktionalistischen Architekturtheorie. In: O.M. Ungers, Hrsg., Architekturtheorie – Internationaler Kongreß an der TU-Berlin (abgedruckt in: Vorlesungsunterlagen, Institut gta, ETH-Zürich, 2. Jahreskurs, WS 91/92).

Herzberger, H., A. van Roijen-Waterman, et al. (1982) Aldo van Eyck. Stichting Wonen.

Hua, K., I. Smith, et al. (1992) Adaption of Spatial Design Cases. In: Hrsg., Second International Conference on Artificial Intelligence in Design, Pre-Proceedings. Carnegie Mellon University.

Joedicke, J. (1976) Angewandte Entwurfsmethodik für Architekten. Stuttgart.

Kalay, Y. E. (1991) Multi-Faceted, Dynamic Representation of Design Knowledge. In: Hrsg., Proceedings of the ARCC Conference on Reflections and Representations. 111–112.

Kay, A. (1993) The Early History of Smalltalk. *HOPL-II* (Second SIGPLAN Conference on the History of Programming Lamguages). Preprints.

Kaufmann, Emil (1933) Von Ledoux bis Le Corbusier, Ursprung und Entwicklung der Autonomen Architektur. Verlag Dr. Rolf Plasser. Wien/Leipzig.

Kipnis, Jeffrey (1993) Towards a New Architecture, in: Architectural Design Profile No 102, Folding in Architecture, guest editor Greg Lynn.

Krishnamurti, R. und C. Giraud (1986) Towards a Shape Editor. The Implementation of a Shape Generation System. Planning and Design. 1986. 13. 4. 391–404.

Kruft, H.-W. (1985) Geschichte der Architekturtheorie. München. C.H. Beck.

Kulka, H. (1931 (1979)) Adolf Loos. Wien. Löcker.

Laugier, M.-A. (1753(1989)) Essai sur l'architecture – Das Manifest des Klassizismus. Essai sur l'architecture, Paris 1753 Zürich und München. Verlag für Architektur.

Le Corbusier (1923 (1984)) Ausblick auf eine Architektur. Auszug in: U. Conrads, Hrsg., Programme und Manifeste zur Architektur des 20. Jahrhunderts. Braunschweig/Wiesbaden. Vieweg.

Le Corbusier (1925 (1984)) Leitsätze des Städtebaus. In: U. Conrads, Hrsg., Programme und Manifeste zur Architektur des 20. Jahrhunderts. Braunschweig/Wiesbaden. Vieweg.

Le Corbusier (1956(1978)) Der Modulor. Stuttgart. Deutsche Verlags-Anstalt.

Le Corbusier und P. Jeanneret (1926 (1984)) Fünf Punkte zu einer neuen Architektur. In: U. Conrads, Hrsg., Programme und Manifeste zur Architektur des 20. Jahrhunderts. Braunschweig/Wiesbaden. Vieweg.

Lenart, M. (1991) Expertensysteme in der Architektur und im Bauwesen. Basel. Birkhäuser.

Lobell, J. (1979) Between Silence and Light – Spirit in the Architecture of Louis I.Kahn. Boulder, Colorado. Shambhala.

Loos, A. (1931(1982)) Trotzdem. Wien. Prachner Verlag.

Loos, A. (1921(1981)) Ins Leere Gesprochen. Wien. Prachner Verlag.

Luhmann, N. (1993) Individuum, Individualität, Individualismus. In: Hrsg., Gesellschaftsstruktur und Semantik. Luhmann, Niklas.

Lynn, Greg (1993) Folding in Architecture. Architectural Design Profile No 102, 1993, guest-edited by Greg Lynn.

MacLuhan, M. (1967) The Medium is the Massage, Marshall MacLuhan, Quentin Fiore, co-ordinated by Jerome Angel, The Penguin Press, 1967.

Mafroy, S. (1986) Kleines Glossar zu Muratoris Stadtmorphologie. Arch+ 85. 1986.

McGuigan, C. (1995) Stone, Steel and Cyberspace. Newsweek. 1995. February 27, 1995.

Meyer, H. (1928(1984)) Bauen. In: U. Conrads, Hrsg., Programme und Manifeste zur Architektur des 20. Jahrhunderts. Braunschweig. Vieweg.

Minsky, M. (1975) A Framework for Representing Knowledge. In: P. Winston, Hrsg., The Psychology of Computer Vision. New York. Mac Graw-Hill.

Mitchell, W. J. (1990) The Logic of Architecture. Cambridge, Massachusetts/ London, England. The MIT Press.

Mitchell, W. J., R. S. Liggett et al. (1991) Integrating Shape Grammars and design analysis. In: G. Schmitt, Hrsg., CAAD Futures '91 Proceedings. Zürich. 1–18.

Moneo, R. (1978) On Typology. Oppositions. 1978. 13. 23–44.

Muthesius, H. (1911(1984)) Werkbundziele. In: U. Conrads, Hrsg., Programme und Manifeste zur Architketur des 20.Jahrhunderts. Braunschweig/ Wiesbaden. Vieweg. 23/24.

Muthesius, H. (1914(1984)) Werkbundthesen. In: U. Conrads, Hrsg., Programme und Manifeste zur Architketur des 20. Jahrhunderts. Braunschweig/ Wiesbaden. Vieweg.

Negroponte, N. (1975) Soft Architecture Machines. Cambridge, Massachusetts. MIT Press.

Neufert, E. (1936) Bauentwufslehre. Berlin.

Oechslin, W. (1985) Zu einer Wiederaufnahme der Typologiediskussion. Casabella. 1985. 49. 509/510. 66–75. (Deutsche Übersetzung abgedruckt in: Vorlesungsunterlagen „Typologie" des Instituts gta Zürich – Prof. Werner Oechslin – 1992).

Oechslin, W. (1994) Stilhülse und Kern – Otto Wagner, Adolf Loos und der evolutionäre Weg zur modernen Architektur. Zürich. gta/Ernst & Sohn.

Oxman, R. und J. S. Gero (1988) Designing by Prototype Refinement in Architecture. In: J. S. Gero, Hrsg., Artificial Intelligence in Engineering: Design. Amsterdam. Elsevier. 395–413.

Oxman, R. E. und R. M. Oxman (1991) Refinement and Adaption: Two Paradigms for Form Generation in CAAD. In: G. N. Schmitt, Hrsg., CAAD Futures '91 Conference Proceedings. Zürich. 291-305.

Pearce, M., A. K. Goel et al. (1992) Case-Based Design Support. IEEE Expert. 1992. October. verwendet REMIND, Cognitive Systems case-based knowledge engineering sghell.

Pevsner, N. (1960(1983)) Wegberei is bis Gropius. Köln. DuMont Buchverlag.

Plottegg, M. (1996) Architektur Algorithmen. Wien. Passagen Verlag.

Plottegg, M. (1988(1996)) Das binäre Haus & die Interaktion / Theorie in: Plottegg 1996, p 119-133

Plottegg, M. (1993(1996)) Der Ort, die geschmacklose Nichtidentität, das Echo der Berge. In: Plottegg 1996, p 171-182.

Quatremère de Quincy, A.-C. (1823(1991)) De l'imitation. abgedruckt in: Vorlesungsunterlagen, Institut gta, ETH-Zürich, 2. Jahreskurs, WS 91/92. 1823(1991).

Quatremère de Quincy, A.-C. (1832(1992)) Typus – Quatremère de Quincy's Artikel aus dem Dictionnaire de l'Architecture, abgedruckt in: Vorlesungsunterlagen „Typologie" des Instituts für Geschichte und Theorie der Architektur – Prof. Werner Oechslin. Übersetzung: Hans Frei.

Raulet, G. (1993) Von der Allegorie zur Geschichte – Säkularisierung und Ornament im 18. Jahrhundert. In: G. Raulet and B. Schmidt, Hrsg., Kritische Theorie des Ornaments. Wien, Köln, Weimar. 55-67.

Reichlin, B. (1985) Das Einfamilienhaus von le Corbusier und Pierre Jeanneret auf dem Weißenhof. Eine Strukturanalyse. In: K. Medici-Mall, Hrsg., Fünf Punkte in der Architekturgeschichte. Basel/Boston/Stuttgart. Birkhäuser.

Riegl, A. (1901(1927)) Spätrömische Kunstindustrie. Wien. Druck- und Verlagsanstalt der Österreichischen Staatsdruckerei.

Rosenman, M. A., J. S. Gero, et al. (1991) What's in a Case: the Use of Case Bases, Knowledge Bases and Databases in Design. In: G. N. Schmitt, Hrsg., CAAD Futures '91 Proceedings. Zürich. 263-277.

Rossi, A. (1965(1978)) Das Konzept des Typus. Arch + 37. 1965(1978). 39 – 40. Beitrag zum Symposium über die „Beziehung zwischen der Stadtmorphologie und der Gebäudetypologie", Venedig, 1965; Übersetzung: Nikolaus Kuhnert und Michael Peterek.

Rykwert, J. (1983) Ornament ist kein Verbrechen. Köln. DuMont.

Samonà, G. (1929(1985)) Architectural Traditionalism and Internationalism. Architectural Design. 1929(1985). 55. 5/6. erstmals publiziert in Rassegna die architettura no. 12/1929.

Schank, R. C. (1982) Dynamic Memory – A Theory of Reminding and Learning in Computers and People. Cambridge, England. Cambridge University Press.

Schank, R. C. und R. P. Abelson (1977) Scripts, Plans, Goals and Understanding. N.J. L. Erlbaum Associates.

Schmitt, G. (1989) Meisterschaft im Entwurf. Archithese. 1989. 5.

Schumacher, F. (1938(1983)) Der Geist der Baukunst. Stuttgart. Deutsche Verlagsanstalt.

Semper, G. (1834) Vorläufige Bemerkungen über die bemalte Architectur und Plastik. Altona. J.F. Hammerl.

Semper, G. (1851) Die vier Elemente der Baukunst. Braunschweig. Friedrich Vieweg und Sohn.

Semper, G. (1852(1966)) Wissenschaft, Industrie und Kunst. Vorschläge zur Anregung nationalen Kunstgefühls. Mainz.

Semper, G. (1860(1878)) Der Stil in den technischen und tektonischen Künsten oder Praktische Ästhetik. Ein Handbuch für Techniker, Künstler und Kunstfreunde, Erster Band, Textile Kunst.

Simon, H. A. (1981) The Sciences of the Artificial. Cambridge, Mass. MIT Press.

Steadman, J. P. (1983) Architectural Morphology. London. Pion.

Stiny, G. und J. Gips (1972) Shape Grammars and the Generative Specification of Painting and Sculpture. In: C. V. Freimann, Hrsg., Information Processing 71. Amsterdam. North Holland. 1460–65.

Stiny, G. und W. J. Mitchell (1978) The Palladian Grammar. Environment and Planning B. 1978. 5. 2. 189–198.

Sutherland, I. (1963) Sketchpad: A Man-machine Graphical Communication System. *Proceedings of the FJCC.* Vol. 23: 329–346

Tzonis, A. (1992) Huts, Ships and Bottleracks: Design by Analogy for Architects and/or Machines. In: N. Cross, K. Dorst and N. Rozenburg, Hrsg., Research in Design Thinking. Delft University Press.

Ueding, G. (1993) Imitatio – Perfectio – Ornatus. In: G. Raulet and B. Schmidt, Hrsg., Kritische Theorie des Ornaments. Wien/Köln/Weimar. Böhlau. 45–54.

Uffelmann, A. (1989) Typologie und Architekturtheorie. Frankfurt am Main. Peter Lang.

Van de Velde, H. (1914(1984)) Werkbundthesesn. In: U. Conrads, Hrsg., Programme und Manifeste zur Architketur des 20. Jahrhunderts. Braunschweig/Wiesbaden. Vieweg.

Vidler, A. (1977) The Idea of Type: The Transformation of the Academic Ideal, 1750 – 1830. Oppositions. 1977. 77/8. 95 ff.

Vidler, A. (1977) The Third Typology. Oppositions. 1977. 12/1977. 1–4.

Vogt, A. M. (1969) Boullées Newton Denkmal. Basel und Stuttgart. Birkhäuser.

Vogt, A. M. (1980) Entwurf zu einer Architekturgeschichte 1949–1980. In: A. M. Vogt, U. Jehle-Schulte Strathaus and B. Reichlin, Hrsg., Architektur 1940 – 1980.

von Naredi-Rainer, P. v. (1994) Architektur & Harmonie. Köln. Du Mont.

Weischedel, W. (1979) Die philosophische Hintertreppe. München. dtv.

Winston, P. H. (1980) Learning and Reasoning by Analogy. Communications of the ACM. 1980. 23. 12. 689–703.

Wojtowicz, J. und W. Fawcett (1986) Architecture: Formal Approach. London/New York. Academy Editions/St. Martin's Press.

Bildquellen

Alexander, C., Notes on the Synthesis of Form, Cambridge/Mass. [Harvard University Press] 1964/1971	22-24
architecture + urbanism, Special Issue on Louis Kahn, November 1998	16-18
Banham, R., Age of the Masters, New York [Harper & Row] 1962	14
Coyne, N., et al. (Hrsg.), Research in Design Thinking, Delft [Delft University Press] 1992	26-28
Durand, J.N.L., Précis des Leçons d'architecture données à l'Ecole Polytechnique, Paris 1919	7-8
Kurft, H.W., Geschichte der Architekturtheorie, München [Beck] 1985	1-4
Le Corbusier, Ausblick auf eine Architektur, Braunschweig/Wiesbaden [Vieweg] 1984	13
Loos-Ausstellung, Albertina, Wien 1989	12
Mitchell, W., The Logic of Architecture, Cambridge/Mass. [The MIT Press] 1989	25
Rukschcio, B., R. Schachtel, Adolf Loos, Salzburg [Residenz] 1982	11
Rykwert, Ornament ist kein Verbrechen, Köln [DuMont] 1983	10, 19, 20
Vidler, Claude-Nicolas Ledoux, Basel [Birkhäuser] 1988	9
Vogt, A.M., Boullées Newton-Denkmal, Basel und Stuttgart [Birkhäuser] 1969	5-6
Vogt, A.M., et al. (Hrsg.), Architektur 1940 – 1980, 1980	15, 21

Bauwelt Fundamente
(lieferbare Titel)

1 Ulrich Conrads (Hrsg.), Programme und Manifeste zur Architektur des 20. Jahrhunderts
2 Le Corbusier, 1922 – Ausblick auf eine Architektur
3 Werner Hegemann, 1930 – Das steinerne Berlin
4 Jane Jacobs, Tod und Leben großer amerikanischer Städte
12 Le Corbusier, 1929 – Feststellungen
14 El Lissitzky, 1929 – Rußland: Architektur für eine Weltrevolution
16 Kevin Lynch, Das Bild der Stadt
20 Erich Schild, Zwischen Glaspalast und Palais des Illusions
24 Felix Schwarz und Frank Gloor (Hrsg.), „Die Form" – Stimme des Deutschen Werkbundes 1925 – 1934
36 John K. Friend und W. Neil Jessop (Hrsg.), Entscheidungsstrategie in Stadtplanung und Verwaltung
40 Bernd Hamm, Betrifft: Nachbarschaft
50 Robert Venturi, Komplexität und Widerspruch in der Architektur
51 Rudolf Schwarz, Wegweisung der Technik und andere Schriften zum Neuen Bauen 1926 – 1961
53 Robert Venturi, Denise Scott Brown und Steven Izenour, Lernen von Las Vegas
56 Thilo Hilpert (Hrsg.), Le Corbusiers „Charta von Athen". Texte und Dokumente. Kritische Neuausgabe
58 Heinz Quitzsch, Gottfried Semper – Praktische Ästhetik und politischer Kampf
65 William Hubbard, Architektur und Konvention
68 Christoph Hackelsberger, Plädoyer für eine Befreiung des Wohnens aus den Zwängen sinnloser Perfektion
70 Hernry-Russell Hitchcock und Philip Johnson, Der Internationale Stil – 1932
71 Lars Lerup, Das Unfertige bauen
72 Alexander Tzonis und Liane Lefaivre, Das Klassische in der Architektur
73 Elisabeth Blum, Le Corbusiers Wege
74 Walter Schönwandt, Denkfallen beim Planen
79 Christoph Hackelsberger, Beton: Stein der Weisen?

82 Klaus Jan Philipp (Hrsg.), Revolutionsarchitektur
83 Christoph Feldtkeller, Der architektonische Raum: eine Fiktion
85 Ulrich Pfammatter, Moderne und Macht
89 Reyner Banham, Theorie und Gestaltung im Ersten Maschinenzeitalter
90 Gert Kähler (Hrsg.), Dekonstruktion? Dekonstruktivismus?
91 Christoph Hackelsberger, Hundert Jahre deutsche Wohnmisere – und kein Ende?
92 Adolf Max Vogt, Russische und französische Revolutionsarchitektur 1917 · 1789
94 Mensch und Raum. Das Darmstädter Gespräch 1951
97 Gert Kähler (Hrsg.), Schräge Architektur und aufrechter Gang
99 Kristiana Hartmann (Hrsg.), trotzdem modern
100 Magdalena Droste, Winfried Nerdinger, Hilde Strohl, Ulrich Conrads (Hrsg.), Die Bauhaus-Debatte 1953
101 Ulf Jonak, Kopfbauten. Ansichten und Abrisse gegenwärtiger Architektur
102 Gerhard Fehl, Kleinstadt, Steildach, Volksgemeinschaft
103 Franziska Bollerey (Hrsg.), Zwischen de Stijl und CIAM (in Vorbereitung)
104 Gert Kähler (Hrsg.), Einfach schwierig
105 Sima Ingberman, ABC. Internationale Konstruktivistische Architektur 1922 – 1939
106 Martin Pawley, Theorie und Entwurf im zweiten Maschinenzeitalter (in Vorbereitung)
107 Gerhard Boeddinghaus (Hrsg.), Gesellschaft durch Dichte
108 Dieter Hoffmann-Axthelm, Die Rettung der Architektur vor sich selbst
109 Françoise Choay, Das architektonische Erbe, eine Allegorie
110 Gerd de Bruyn, Die Diktatur der Philanthropen
111 Alison und Peter Smithson, Italienische Gedanken
112 Gerda Breuer (Hrsg.), Ästhetik der schönen Genügsamkeit oder *Arts & Crafts* als Lebensform
113 Rolf Sachsse, Bild und Bau
114 Rudolf Stegers, Rudolf Schwarz (in Vorbereitung)
115 Niels Gutschow, Ordnungswahn (in Vorbereitung)
116 Christian Kühn, Stilverzicht
117 Gerd Albers, Zur Entwicklung der Stadtplanung in Europa
118 Thomas Sieverts, ZWISCHENSTADT
119 Beate und Hartmut Dieterich (Hrsg.), Boden. Wem nützt er? Wen stützt er?

Bei Fragen zur Produktsicherheit wenden Sie sich bitte an:
If you have any questions regarding product safety,
please contact:

Birkhäuser Verlag GmbH
Im Westfeld 8
4055 Basel, Schweiz
productsafety@degruyterbrill.com